Winter im Holunderweg

Für alle Schlittenbergflitzer, Schneekugelroller, Flockenmitderzungefänger, Warmestubenhocker, Punschschlürfer und Wunderkerzenfans – und für alle, für die Winterferien die schönste Jahreszeit sind.

Die Holunderweg-Reihe bei Gabriel:

Frühling im Holunderweg

Sommer im Holunderweg

Herbst im Holunderweg

Advent im Holunderweg

Weihnachten im Holunderweg

Die schönsten Geschichten aus dem Holunderweg

Ferienzeit im Holunderweg

Martina Baumbach

Winter im Holunderweg

Mit farbigen Bildern
von Verena Körting

Gabriel

Inhalt

Sprembüttel

Willkommen im Holunderweg 7

Ida, Ella, Lennart, Malte und Bruno sind die besten Freunde und wohnen alle zusammen im Holunderweg 7. Hier fühlen sie sich pudelwohl und möchten um nichts auf der Welt tauschen. Im Holunderweg gibt es immer jemanden zum Spielen und man erlebt die tollsten Abenteuer.

Ida und Lennart sind Zwillinge und acht Jahre alt. Trotzdem behauptet Lennart, dass er der große Bruder ist. Bloß, weil er fünf Minuten früher auf die Welt gekommen ist. Kompletter Blödsinn, findet Ida, sie haben doch am selben Tag Geburtstag. Sie wohnen mit ihren Eltern Frau und Herrn Rosenbaum und ihrer kleinen Schwester Lilly (ein echter Wirbelwind) im Erdgeschoss links.

Ella und Malte wohnen mit ihren Eltern Frau und Herrn Sonntag im ersten Stock rechts. Ella ist das älteste Kind im Haus und geht schon in die vierte Klasse. Im Sommer ist sie im Freibad vom Fünfer gesprungen, das muss man sich mal vorstellen. Malte ist gerade in die zweite Klasse gekommen. Insgeheim findet er Ella ziemlich mutig, was er natürlich nie zugeben würde.

Oben unterm Dach wohnt Bruno mit seinen Eltern Frau und Herrn Carducci. Seine kleine Schwester Anna-Baby hat einen Tag vor Weihnachten Geburtstag. Zum Glück nicht an Heiligabend, sonst würde sie immer doppelt so viele Geschenke bekommen wie Bruno.

Dann gibt es im Haus noch Frau Süßmilch mit Klein-Olli, Herrn Kuse, den nettesten Hausmeister der Stadt, und Herrn Schlussnuss, der leider ein ziemlicher Miesepeter ist. Aber eigentlich kann man im Holunderweg gar nicht so richtig miesepetrig sein, bei den vielen netten Nachbarn rundherum.

Und jetzt im Winter schon gar nicht. Denn mal ehrlich, das ist die schönste Zeit im Jahr, finden Ida, Ella, Lennart, Malte und Bruno. (Aber das sagen sie vom Frühling, vom Sommer und vom Herbst auch immer.) Der Winter ist voller toller Dinge: Weihnachten, Schlittenfahren, Eislaufen, Skifahren, Schneeballwerfen, Eiszapfenlutschen, Iglus bauen und Silvester feiern. Oder wenn einem vor lauter Eis und Schnee mal die Zähne klappern, kuschelt man sich einfach gemütlich zu Hause ein und schlürft warmen Punsch, während es draußen stürmt und schneit. Wo könnte es schöner sein als im Holunderweg 7?

Aber der nächstschönste Ort ist bei Oma und Opa Sprembüttel. Und genau da geht es schon übermorgen hin. Dort werden Ida, Ella, Lennart, Malte, Bruno und Lilly die besten Winterferien der Welt erleben. Drei Mal gespuckt, geflucht und geschworen!

Der Winter kann kommen!

Der Morgen nach Heiligabend ist etwas ganz Besonderes. Wenn die Erwachsenen noch schlafen und der Zauber der Bescherung noch durch die Wohnung schwebt. Es ist als würde die Zeit stillstehen.

In ihre Kuscheldecke gehüllt tappt Ida leise ins Wohnzimmer. Sie muss die Luft anhalten, so wunderschön ist der Weihnachtsbaum mit all dem Glitzerschmuck. Als sie die Lichterkette anknipst, ist es ein bisschen wie gestern Abend, als sie alle zusammen Weihnachten gefeiert haben. Mama, Papa, Lilly, Lennart, Ida, Oma und Opa Rosenbaum und Oma und Opa Sprembüttel.

Bloß dass die Geschenke unter dem Baum jetzt natürlich alle ausgepackt sind: Idas neue Schlittschuhe und die coole Karaokeanlage (mit der sie und Ella wie echte Stars singen werden). Lennarts feuerroter Lenk-Bob und sein Wildnis-Rucksack (mit echter Überlebensausrüstung). Lillys rosa Spielzelt (das wie ein Märchenturm aussieht) und ihre Murmelbahn.

Dann Mamas extraweiche Gymnastikmatte und Papas neue regendichte Fahrradtasche. Und daneben Oma und Opa

Sprembüttels Insektenhotel, das sie für ihren Garten total gut brauchen können.

Ida grinst. Nur Lillys neue rosa Plüschhausschuhe fehlen. Die wollte sie über Nacht natürlich unbedingt mit in ihr Zimmer nehmen und vors Bett stellen. Oma und Opa Rosenbaums Theaterkarten in dem großen goldenen Umschlag fehlen auch. Weil es fast nur ein Katzensprung ist, sind die beiden gestern Nacht noch heimgefahren.

Oma und Opa Sprembüttel sind dageblieben, denn zu ihnen nach Hause ist es ganz schön weit. Sie schlafen in Lillys Zimmer und Lilly ist einfach zu Mama und Papa ins Bett umgezogen.

Ida streicht über die Schalter und Lämpchen der Karaokeanlage. Es ist das beste Geschenk von allen, damit hat der Weihnachtsmann voll ins Schwarze getroffen. So früh am Morgen kann sie die Anlage aber unmöglich ausprobieren, sonst sitzen alle im Haus kerzengerade in ihren Betten. Solange macht sich Ida an ihr neues Eiskönigin-Puzzle und beginnt, die Teile zu sortieren.

»Menno, immer noch kein Schnee!« Lennart stapft mit verstrubbelten Haaren in seinem Spiderman-Schlafanzug ins Wohnzimmer und drückt die Nase ans Fenster. »Winter ohne Schnee müsste verboten werden!«

Ida nickt. »Ich hab mir so gewünscht, dass es zu Weihnachten schneit.«

»Ich hab's sogar auf meinen Wunschzettel geschrieben«, mault Lennart.

»Vielleicht kann die Schneekönigin was ausrichten.« Kichernd schiebt Ida ihr Puzzle zur Seite und lümmelt sich neben Lennart ans Fensterbrett.

Leider ist draußen tatsächlich nicht mal die kleinste Schneeflocke in Sicht. Nur die elektrischen Weihnachtssterne in der Tanne vor dem Haus funkeln durch die Dämmerung. Hausmeister Kuse hat eine Zeitschaltuhr angeschlossen, damit sie nicht die ganze Nacht leuchten, wenn sowieso alle Leute schlafen.

Ida schließt die Augen und wünscht es sich ganz fest: Bitte, liebe Schneekönigin, lass es schneien.

Da schmiegt sich Lilly zwischen Ida und Lennart. Ihr rosa Kuscheleinhorn im Arm, die Füße in den neuen rosa Plüschhausschuhen.

»Wir müssen endlich unsere Koffer packen«, quengelt sie.

Womit sie recht hat, denn morgen geht's auf Winterferienreise zu Oma und Opa nach Sprembüttel. Und zwar ohne Erwachsene, nur Ida, Lennart, Lilly, Ella, Malte und Bruno. Es ist höchste Eisenbahn. Auch wenn sie diesmal nicht mit dem Zug fahren, wie im Sommer, sondern Oma und Opa sie in ihrem Auto mitnehmen. Doch weil sechs Kinder nie und nimmer auf den Rücksitz ihres alten blauen Kombis passen, fährt Mama mit ihrem Auto mit. Und auf dem Rückweg kann sie gleich ihre Schulfreundin besuchen, die ganz in der Nähe wohnt.

»Also ich packe keinen Koffer«, stellt Lennart klar.

»Du musst«, sagt Lilly entrüstet. »Sonst hast du doch nichts zum Anziehen!«

»Vielleicht will er sich Klamotten von Opa leihen«, kichert Ida. »Oder von Oma.«

»Quatsch! Ich packe keinen Koffer, weil ich meinen neuen Wildnis-Rucksack nehme«, erklärt Lennart grinsend. »Immerhin fahren wir aufs Land, da brauch ich meine Überlebensausrüstung.«

»Ganz wichtig«, lacht Ida. »Weil du bei Oma und Opa sonst verhungerst und erfrierst und von Insekten und Regenwasser leben musst. Außerdem brauchst du unbedingt einen Kompass, damit du nachts das Klo findest.«

Lilly muss auch lachen, weil sie merkt, dass Ida nur rumalbert. Denn bei Oma und Opa ist es wunderschön und kein bisschen gefährlich. Obwohl es im Sommer am Teufelsbach echt wild zugegangen war.

»Wir haben heute den ganzen Tag Zeit zum Packen«, sagt Ida und streicht Lilly über den Kopf. »Ich helfe dir, wenn du magst.«

»Gut, ich nehme meine gesamten Weihnachtsgeschenke mit«, erklärt Lilly ernst.

»Und wie soll das alles ins Auto passen?«, fragt auf einmal Opa hinter ihnen. »Am Ende müssen wir die Kinder hierlassen.«

Lilly schüttelt erschrocken den Kopf, doch da verzieht Opa schon lachend den Mund unter seinem grauen Wallebart.

»Jeder darf ein kleines Weihnachtsgeschenk mitnehmen«, lenkt Ida ein. Manchmal ist es ziemlich blöd, wenn man die Ältere ist und vernünftig sein muss. Denn am liebsten würde sie natürlich auch alle ihre Weihnachtsgeschenke mitnehmen. Aber bei Oma und Opa haben sie sowieso immer so viel zu tun, dass sie vermutlich gar nicht dazu kommen, mit ihren Weihnachtsgeschenken zu spielen.

»Mein Rucksack zählt aber nicht«, beschwert sich Lennart. »Ich darf noch meinen Bob mitnehmen.«

»Wir werden sehen«, meint Opa. »Wir haben ja auch noch den Holzschlitten und die Skier von eurer Mama im Schuppen.«

»Das werden die herrlichsten Winterferien, die ich in meinem Leben hatte«, strahlt Lilly.

Wofür man Lilly einfach knuddeln muss, weil sie ja überhaupt erst vier Winter in ihrem Leben hatte.

Lennart grinst. »Gut, dass Papa diesmal nicht extra einen Hexenschuss bekommen muss, wie letztes Mal.«

»Guten Morgen. Was ist denn hier schon in aller Früh los?« Omas roter Lockenschopf taucht in der Tür auf.

»Omilein!«, ruft Lilly und springt ihr in die Arme. »Hast du gut geschlafen?«

»So gut wie noch nie, Lilly-Spatz«, bestätigt Oma. »Das ist furchtbar nett von dir, dass wir in dein Zimmer dürfen.«

Lilly grinst. »Das können wir ruhig öfter machen. Sonst muss ich immer erst was Unheimliches träumen, damit ich in Mamas und Papas Bett schlafen darf.«

»Abgemacht«, sagt Oma schmunzelnd. »Unheimliche Träume soll wirklich kein Mensch extra haben müssen.«

Kurz darauf haben sich alle um den Küchentisch zum Frühstück versammelt. Mama hat noch zwei Klappstühle dazugestellt und Lilly will sowieso lieber auf Omas Schoß sitzen. Aber nun ist es in der engen Küche wirklich rappelvoll.

»Am besten, ich zieh solange meinen Bauch ein«, sagt Opa und lacht. »Sonst müssen wir hier glatt eine Stehparty veranstalten.«

»Was ist eine Stehparty?«, fragt Lilly interessiert. In ihren Ohren klingt das Wort nach einem herrlichen Erwachsenengeheimnis.

»Das ist, wenn's nicht genug Stühle für alle Gäste gibt, die

Leute Gläser und Teller in den Händen haben und über langweilige Dinge reden«, erklärt Ida und leckt ihren Kakaolöffel ab.

»Das kann man nicht besser sagen«, meint Papa. Dann springt er auf, weil der Backofen mit den Aufbackbrötchen piepst. »Himmel ist das heiß!«

»Stehparty«, murmelt Lilly andächtig.

Eine Viertelstunde später halten Lennart und Ida es nicht länger am Tisch aus. An freien Tagen frühstücken Erwachsene immer furchtbar lang, vor allem wenn Besuch da ist.

»Wir gehen zu Bruno, Malte und Ella hoch«, erklärt Lennart.

»Weil … wir müssen noch einiges besprechen«, meint Ida.

So eine Winterferienfahrt gehört gut geplant, schließlich müssen sie für alle möglichen Abenteuer ausgerüstet sein.

Einer für alle, alle für einen

Auch im ersten Stock bei Malte und Ella und oben bei Bruno unterm Dach sind natürlich längst alle wach. Und weil die Kinder vom Holunderweg manchmal gleichzeitig dieselbe Idee haben, wundert es keinen, dass sie sich auf halbem Weg im Treppenhaus treffen.

Keine Minute später sitzen sie zusammen bei Bruno im Wohnzimmer vor dem Weihnachtsbaum, um mit seiner neuen Autorennbahn zu spielen. Eine Acht mit Looping, wirklich cool.

»Gib Gas«, feuert Ella Lennarts weißen Lamborghini an.

»Langsamer in die Kurve«, rät Bruno, als Idas roter Ferrari fast aus der Bahn fliegt.

Natürlich haben sie gestern Abend schon alle Geschenke gegenseitig bewundert. Weil es im Holunderweg 7 Tradition ist, dass sie sich nach der Bescherung besuchen. Idas Karaokeanlage und Brunos Rennbahn sind der Hit. Und Lennarts Lenk-Bob. Und Maltes neues Longboard. Und Ellas Hängesessel. Eigentlich sind alle Geschenke supertoll.

»Das schönste Geschenk ist, dass wir Ferien bei Oma und

Opa Sprembüttel machen«, meint Ella.

»Ich bin aber trotzdem froh, dass ich auch noch was anderes bekommen hab«, kräht Lennart.

Die anderen stimmen kichernd zu.

»Habt ihr schon gepackt?«, fragt Bruno aufgeregt. »Was nehmt ihr mit?«

Lennart winkt gleichgültig ab. »Och, nur Klamotten, Schlafsack und meine Überlebensausrüstung«, sagt er. In Wahrheit ist er natürlich stolz wie sonst was über seinen neuen Wildnis-Rucksack.

»Dicke Socken, warme Pullis, Skiunterwäsche, Pudelmütze, Taschenwärmer, Taschenlampe«, zählt Ida auf.

»Schneehose, Schal und Handschuhe …« Ella geht in Gedanken den Inhalt ihrer Reisetasche durch. »Und ein Kartenspiel, damit wir uns abends im Schäferwagen nicht langweilen, wenn es schon so früh dunkel wird.«

»Ich hab Wunderkerzen aus dem Schreibwarenladen«, flüstert Malte geheimnisvoll. »Dann haben wir an Silvester was zum Böllern.«

Die Jungs klatschen sich ab.

»Wunderkerzen böllern doch nicht«, stöhnt Ella. Sie ärgert sich, dass sie nicht an Wunderkerzen gedacht hat. Hoffentlich können sie in Sprembüttel noch welche kaufen.

»Ich sag doch nur böllern«, wehrt sich Malte. »Der Lärm von echten Böllern ist voll fies für Tiere.«

Ella nickt versöhnt. »Wunderkerzen sind total schön«, sagt sie. »Außerdem leuchten sie viel länger als eine Rakete.«

»Habt ihr etwa ein Feuerzeug?«, fragt Ida erschrocken, weil Mama und Papa nicht mal Taschenmesser erlaubt haben.

»Oma und Opa haben bestimmt eins«, tönt Lennart.

»Ich bin gespannt, wie unser Schäferwagen und die Mühle im Winter aussehen«, überlegt Ida und malt es sich in Gedanken wunderschön aus.

»Olé olé, wir fahren in den Schnee«, stimmt Ella ein Lied an, das sie eben erfunden hat.

»In der Hölle lodert es heiß, doch auf dem Teufelsbach ist Eis«, dichtet Malte ausgelassen weiter.

»Ich kann die Abenteuer schon riechen«, jubelt Bruno und schnuppert in die Luft, als würde das wirklich funktionieren. »Ich schwör's, diesmal erwischen wir die Mühlengeister! Und wir finden den Schatz vom Teufelsbach und …«

»Moment mal, Bruno …« Brunos Mama steht in der Wohnzimmertür, auf dem Arm Anna-Baby, die sich lautstark hin und her windet. »Du willst mit nach Sprembüttel? Wie soll denn das gehen? Wir fahren doch zu Oma nach Rom.«

»Ich dachte … ihr fahrt … ohne mich …«, stammelt Bruno.

Und da ist die ganze schöne Aufbruchsstimmung mit einem Mal verflogen. Keiner sagt ein Wort, bis Ella endlich fragt: »Echt, Bruno darf nicht mit uns fahren?«

Brunos Mama zuckt entschuldigend die Schultern. »Seine Oma freut sich schon auf ihn.«

»Aber dort ist es langweilig«, protestiert Bruno. »Da hab ich keine Freunde.«

»Oma spielt doch so gerne mit dir Memory«, beschwichtigt seine Mama ihn und steckt der quengelnden Anna-Baby zum fünften Mal den Schnuller in den Mund.

»Aber Memory ist langweilig, außerdem gewinnt sie immer«, wehrt Bruno verzweifelt ab. »Und in Sprembüttel erleben wir richtige Abenteuer.«

»Es ist doch wegen Weihnachten«, versucht Brunos Mama ihn zu überzeugen. »Du kannst im Sommer wieder mit nach Sprembüttel fahren, versprochen.« Anna-Baby jammert immer lauter.

»Im Sommer!«, jault Bruno auf. »Dann bin ich ein alter Mann!«

Brunos Mama will ihm über den Kopf streicheln, doch Bruno weicht aus.

»Ich hab es euch schon vor Ewigkeiten erzählt«, schimpft Bruno. Was kann er dafür, dass Erwachsene immer alles vergessen?

»Ohne Bruno fahren wir nicht«, stellt Lennart klar. Echte Freunde halten zusammen, auch wenn eine alte Oma in Rom Memory spielen will.

Alle schütteln einstimmig die Köpfe. Ohne Bruno ist es bei Oma und Opa Sprembüttel nicht das Gleiche. Malte bekommt einen Kloß im Hals, so traurig ist die Vorstellung.

»Ja, wenn Bruno nicht mitdarf, bleiben wir alle hier«, erklärt Ella.

»Die Holunderbande gibt's nämlich nur zu fünft«, beteuert Malte und legt seinen Arm um Bruno.

»Zu sechst«, verbessert Ida ihn.

Was stimmt, schließlich haben sie Lilly im Sommer bei Oma und Opa auch zum Bandenmitglied ernannt. Für besondere Verdienste, weil sie die Erwachsenen in einem wichtigen Moment abgelenkt hat.

»Das ist sehr freundschaftlich von euch«, lobt Brunos Mama beeindruckt. Währenddessen versucht sie, Anna-Baby zu bändigen, die unbedingt von ihrem Arm herunterwill.

»Einer für alle, alle für einen«, verkündet Ida feierlich. »Bruno gehört dazu.«

»Ich verstehe ja, dass ihr in den Ferien rund um die Uhr zusammen sein wollt«, seufzt Brunos Mama. »Doch diesmal müsst ihr ein paar Tage ohne Bruno auskommen.«

Ida spürt, dass es keinen Sinn hat, weiterzubohren.

Doch Bruno startet einen letzten Versuch: »Das darfst du nicht verbieten!«

Brunos Mama stöhnt genervt, kein Wunder, bei Anna-Babys Quengelei. »Bruno, sei doch vernünftig«, sagt sie nun etwas lauter. »Wir haben es nicht abgemacht … bitte versteh …«

Doch da rennt Bruno schon davon. Aus der Wohnung, die Treppe hinunter und raus durch die Haustür, die schwer hinter ihm ins Schloss fällt.

»Bruno, warte«, hallt die Stimme seiner Mutter durchs Treppenhaus.

»Ihm nach!«, brüllt Lennart und schon stürmen er, Malte, Ida und Ella ihrem Freund hinterher.

Im Erdgeschoss wären sie fast mit Herrn Schlussnuss zusammengestoßen, der ihnen aus dem Keller entgegenkommt. »Was ist denn das für ein Heckmeck?«, beschwert er sich. »Das Treppenhaus ist doch kein Marktplatz.«

Frau Carducci verdreht heimlich die Augen und ruft ihm über das Treppengeländer zu: »Wir sind gleich fertig. Ich wünsch Ihnen schöne Weihnachtsfeiertage!«

Draußen vor der Haustür ist die Luft eisig. An Jacken haben Lennart, Malte, Ida und Ella natürlich nicht gedacht, schließlich ist das ein Notfall.

Lennart blickt suchend die Straße rauf und runter. »Wenn Schnee liegen würde, könnten wir seine Spur verfolgen«, brummt er.

»Wir wissen auch so, wo er ist«, meint Ida und zeigt auf den Fahrradschuppen. Die Tür klappt sachte im Wind und der Riegel hängt locker nach unten.

Vorsichtig öffnen sie die Schuppentür. Im hereinfallenden Lichtschein entdecken sie tatsächlich Bruno, der schniefend auf Hausmeister Kuses Schneeräumer hockt. Verstohlen wischt er sich mit dem Ärmel übers Gesicht. Aber es gibt Momente, da muss man einfach weinen. So wie jetzt.

»Warum müssen Kinder immer machen, was Erwachsene bestimmen?«, nuschelt Bruno. »Ich geh nie wieder heim.«

»Du kannst bei uns wohnen«, trällert Lilly, die vom Tumult

angelockt, in ihren rosa Plüschhausschuhen im Schuppen steht.

Hinter ihr erscheint auch Brunos Mama, auf dem Arm Anna-Baby, die kräftig strampelt.

»Bruno, versteh doch«, versucht Brunos Mama es noch mal. »Wir besuchen Oma immer nach Weihnachten in Rom.«

»Warum könnt ihr nicht ohne mich hin?«, fragt Bruno mit zittriger Stimme. »Oma und Opa Sprembüttel haben mich extra eingeladen.« Es klingt ein bisschen komisch, dass er zu Lennarts Großeltern auch Oma und Opa sagt. Aber Vera und Ludger zu ihnen zu sagen, wäre noch seltsamer.

»Richtig«, bestätigt Lennart »*Besucht uns bald wieder,* haben sie letzten Sommer zum Abschied gesagt. Und damit haben sie uns alle gemeint.«

Malte nickt. »Sie brauchen nämlich unsere Hilfe bei der Mühle, im Garten und mit den Schafen.«

»Und ich helfe Oma beim Töpfern«, betont Lilly stolz.

»Das ist wirklich eine Menge Arbeit, bei der sie eure Hilfe gut brauchen können«, bestätigt Frau Carducci. »Aber was soll denn unsere Oma denken, wenn wir ohne Bruno zu Besuch kommen?«

Bruno lässt den Kopf hängen und zuckt mit den Schultern.

»Na, dass Bruno Winterferien mit seinen Freunden macht«, sagt Lilly, als wäre es sonnenklar. »Außerdem hat sie ja noch Anna-Baby zum Knuddeln und Küssen.«

Frau Carducci guckt erst verwundert, dann nachdenklich und schließlich schüttelt sie lachend den Kopf. »Ihr seid mir eine Bande.«

Und da spürt Bruno – und die anderen spüren es auch –, dass vielleicht doch noch alles gut wird.

»Gibt es eine Möglichkeit, dass Bruno mit uns kommen kann und trotzdem seine Oma trifft?«, fragt Ella. Man muss immer beide Seiten sehen, also die von Bruno und Brunos Mama. Das hat sie erst im Streitschlichterkurs in der Schule gelernt und schon ist es nützlich.

»Hm, lasst mich mal nachdenken«, sagt Frau Carducci.

Sofort sind alle im Schuppen (bis auf Anna-Baby) mucksmäuschenstill. Und weil Mütter besser nachdenken können, wenn sie kein quengelndes Kind auf dem Arm haben, nimmt

Ida ihr Anna-Baby ab. Sie wiegt sie sanft hin und her, und als Lennart lustige Grimassen macht, fängt Anna-Baby sogar zu glucksen an.

Kurz darauf lächelt Brunos Mama, was aber nicht an Lennarts Grimassen liegt. »Es ist einen Versuch wert«, verkündet sie. »Wir laden Brunos Oma diesmal einfach zu uns in den Holunderweg ein und sie bleibt so lange, bis Bruno zurück ist.«

»Oma kann in meinem Zimmer schlafen«, schlägt Bruno eifrig vor. »Und wenn ich wieder zurück bin, spiele ich mit ihr Memory, so oft sie will.«

Dann marschieren alle wieder zu Bruno in die Wohnung hinauf. Und während Brunos Mama in der Küche bis nach Rom telefoniert, passen Bruno und die anderen auf Anna-Baby auf. Schließlich kann man sich nicht auf ein so wichtiges Gespräch konzentrieren, wenn dabei ein Baby quengelt.

Nach einer Ewigkeit kommt Brunos Mama wieder aus der Küche. Alle sehen sie erwartungsvoll an.

Und sie nickt. »Brunos Oma war gleich einverstanden«, berichtet sie freudig. *»Wie schön, so sehe ich endlich mal euren Weihnachtsbaum und eure Krippe,* hat sie gesagt. *Bruno soll ruhig mit seinen Freunden Winterferien machen.«*

»Ich hab's doch gewusst«, frohlockt Lilly. »Du musst ihr nur die Wahrheit sagen.«

Und da sieht man mal wieder, wie einfach alles ist, wenn man bei der Wahrheit bleibt.

Bruno kann gar nicht aufhören zu kichern. Er würde sich nicht wundern, wenn er vor lauter Erleichterung gleich hoch zur Decke schwebt.

»Dann auf die Plätze, fertig, Kofferpacken!«, ruft Malte übermütig.

Bruno nickt grinsend. »Diesmal nehm ich auf alle Fälle meine Supersoaker mit.«

»Willst du im Winter eine Wasserschlacht machen?«, lacht Ida und schüttelt sich. »Das ist viel zu kalt, da brauchen wir eher ein Schneeball-Katapult.«

»Außerdem ist die Gepardenbande im Winter bestimmt nicht da«, meint Ella.

»Waaas?«, fragt Lennart enttäuscht. Dann hüstelt er verlegen und verbessert sich: »Äh, ich meine … dann haben wir wenigstens unsere Ruhe.«

Er hat sich im Sommer nämlich nach dem großen Frieden am Teufelsbach ein klein wenig in die Anführerin der Gepardenbande verliebt. Obwohl Emilia schon elf Jahre ist, viel zu alt für Lennart, wie Bruno findet. Da würde sie schon besser zu ihm passen … wenn Liebeskram nicht so peinlich wäre.

Ida legt Lennart tröstend den Arm um die Schultern. »Wer weiß, die Gepardenbande ist immer für eine Überraschung gut.«

Denn jetzt lassen sie sich die Vorfreude auf die Ferien bei Oma und Opa durch nichts mehr vermiesen.

Ein extra Abschiedsfest gibt es diesmal für die Ferienkinder ausnahmsweise nicht. Erstens hat Hausmeister Kuse Besuch von seinem Bruder und sich etwas Feiertagsurlaub verdient. Zweitens ist Nina Süßmilch mit Klein-Olli bei Verwandten zu Besuch. Und drittens haben alle vom Holunderweg 7 sowieso erst gestern vor dem Haus am Lagerfeuer zusammen den Weihnachtsnachmittag gefeiert.

Auf geht's nach Sprembüttel

Am nächsten Morgen ist es so weit: Heute fahren sie in die Winterferien zu Oma und Opa. Alle sechs Holunderweg-Kinder, einschließlich Bruno, der vor lauter Aufregung fast keinen Bissen Frühstück runterbekommen hat.

Alle sind auf den Beinen und neben der Haustür sammeln sich immer mehr Reisetaschen, Rucksäcke, Koffer, eingerollte Schlafsäcke und Schlittschuhe. Es ist ein andauerndes Trepp-auf und Treppab, denn ständig fällt jemandem etwas ein, das er unbedingt noch mitnehmen will. Nur Lilly sitzt mit ihrem Plüscheinhorn schon fix und fertig in Omas und Opas Auto und wartet, dass es endlich losgeht.

»Na, dann wollen wir mal«, sagt Opa und lädt Lillys rosa Rollköfferchen in den Kofferraum.

Oma studiert schon mal die Landkarte.

»Ein Navi ist echt praktisch«, erklärt Bruno. »Das warnt einen sogar vor Stau.«

Sie winkt ab und schnaubt: »Ich lass mir doch von so einem Navi nicht sagen, wo's langgeht.«

Bruno grinst, das hätte er sich denken können. Ehrlich gesagt, passt so ein moderner Bildschirm auch gar nicht zu dem alten blauen Kombi.

»Wer füttert eigentlich solange Motzi und Blitz, während ihr bei uns seid?«, fragt Ella und stopft ihre Tasche in den Kofferraum.

»Stimmt, wer kümmert sich um sie?«, wiederholt Malte, der mit rotem Kopf seinen prallen Rucksack zum Auto schleppt.

Wegen Weihnachten und der Aufregung um Bruno und dem Taschenpacken haben sie glatt vergessen, Opa nach den Lämmchen zu fragen. Die beiden sind letzten Sommer mitten in einer Gewitternacht geboren und die sechs Kinder haben sie zusammen aufgepäppelt.

»Na, Hanno nehm ich mal an«, antwortet Opa. »Ihm gehören sie schließlich.«

Oma gibt Opa einen heimlichen Knuff mit dem Ellbogen, aber Ida hat es trotzdem gesehen.

»Sie sind noch bei Hanno?«, fragt Ida und hofft, dass sie sich verhört hat. Hanno ist nämlich Omas und Opas Nachbar. Er hat einen Bauernhof und bei ihm sind Motzi und Blitz geboren. Weil die beiden so süß sind, haben Lilly und die anderen gedacht, dass Opa die beiden zu sich nehmen und wieder mit der Schäferei anfangen könnte. So wie früher, denn seit der Rente ist ihm nämlich fast langweilig.

»Aber wir dachten …« Lennart schluckt. In seiner Vorstellung sprangen die Lämmer längst in Omas und Opas Garten um den Schäferwagen herum.

»Ihr habt am Telefon immer gesagt, dass es Motzi und Blitz gut geht«, beschwert sich Ida.

»Denen geht's ja auch gut«, sagt Opa, wobei er etwas schuldbewusst guckt. »Aber eben in Hannos Stall.«

Ida wird ein bisschen sauer auf Opa. Klar, sie haben nie gefragt, ob die Lämmer bei Opa oder bei Hanno sind. Und sie weiß, dass Opa selbst entscheiden muss, ob er wieder Schafe hält. Er hat ja auch die ganze Arbeit damit und sie kommen nur in den Ferien, um ihm zu helfen.

Da taucht Lillys Kopf hinter der Rückbank auf. »Da kommen wir ja gerade rechtzeitig zu Besuch, um alles in Ordnung zu bringen!«, schnaubt sie und funkelt Opa streng an, damit er merkt, wie ernst sie es meint.

»Da ist noch nicht aller Tage Abend«, sagt Oma und zwinkert den Kindern zu. »Gebt dem alten Brummbären ein bisschen Zeit.«

Ganz genau verstehen Ida, Ella, Malte, Lennart, Bruno und Lilly nicht, was Oma meint. Aber es klingt gut und da hilft wohl bloß Abwarten.

Frau Rosenbaum verstaut das restliche Gepäck in ihrem Auto und dann ist jeder Kofferraum bis unters Dach vollgepackt. Lennarts Bob passt beim besten Willen nirgends mehr hinein.

»Schlitten sollen mal kein Problem sein«, beruhigt Opa. »Da weiß ich schon was.«

In diesem Moment strömen die restlichen Erwachsenen schwatzend aus der Haustür: Herr Rosenbaum, Herr und Frau Carducci mit Anna-Baby auf dem Arm, Frau und Herr Sonntag und Hausmeister Kuse – ein richtiges Abschiedskomitee.

Sogar Herr Schlussnuss ist dabei. Kurz sieht es so aus, als würde auch er zum Verabschieden kommen, doch er bringt nur seinen Müll raus.

»Bestimmt ist es ihm peinlich, zu winken«, meint Malte. »Aber in Wahrheit vermisst er uns schon jetzt.«

Doch das kann sich nun wirklich niemand vorstellen. Wo Herr Schlussnuss so oft wegen dem Kinderlärm und der Unordnung im Haus herummeckert. Aber dann kommt er doch auf sie zu.

»So, da geht also die ganze Rasselbande auf Winterferienreise«, brummt er unter seinem Schnurrbart hervor.

Lennart hätte am liebsten gesagt, dass er sich nicht so freuen soll, weil sie wiederkommen. Doch das traut sich bei Herrn Schlussnuss nicht mal er.

Herr Schlussnuss kramt in seiner Jackentasche. »Bestimmt könnt ihr ein bisschen Urlaubsgeld gebrauchen«, sagt er und verteilt ein paar Münzen.

Lilly kurbelt das Seitenfenster runter und streckt ihre kleine Hand heraus. »Du weißt, was Kinder brauchen«, strahlt sie Herrn Schlussnuss an.

Kurz sieht es so aus, als wollte er lächeln. Irgendwie schafft Lilly es immer wieder, ihn um den Finger zu wickeln.

»Schon gut«, knurrt er mit einer wegwischenden Handbewegung und kehrt ins Haus zurück.

»Alles einsteigen!«, ruft Oma Sprembüttel und schwingt sich hinters Lenkrad des alten blauen Kombis.

»Ich sitz neben Ida«, verkündet Ella und hakt sich bei ihrer Freundin ein.

»Wir machen ein Mädchen- und ein Jungsauto«, fordert Lennart.

»Ja, sonst fallen uns bei eurem Hühnergegacker noch die Ohren ab«, kräht Malte.

»Gut so«, gibt Ida zurück. »Wer hält es schon zwei Stunden mit euch Quatschköpfen aus?«

»Hat sie Quatschköpfe zu uns gesagt?«, fragt Bruno, da lachen sich die Jungs schon schlapp.

Und weil Lilly ja längst in Omas und Opas Auto sitzt, ist es schnell ausgemacht: die Mädchen fahren mit Oma und Opa und die Jungs mit Frau Rosenbaum. Da ist es gut, dass sie genau drei Mädchen und drei Jungs sind.

Als nacheinander alle Autotüren zuklappen, fällt Bruno ein, dass er sich nicht von Mümmel und Krümel verabschiedet hat und saust noch mal zu den beiden Kaninchen nach oben. Kaum ist er zurück, muss Lilly unbedingt noch mal aufs Klo.

Aber danach setzen sich endlich, endlich beide Autos in Bewegung und es geht los. Ida, Ella, Lilly, Malte, Lennart und Bruno gucken aus den Rückfenstern. Die Daheimbleibenden vor dem Haus winken so wild, als würden die Kinder mindestens eine Weltreise unternehmen.

»Tschüss Holunderweg«, trällert Lilly. »Bis bald!«

Ida bekommt einen Kloß im Hals, als das Haus aus ihrem Blick verschwindet. Verflixtes Heimweh, warum es sich immer einschleichen muss? Sie weiß doch vom letzten Mal, wie schön sie es in Sprembüttel haben werden. Da trudeln plötzlich ein paar Schneeflocken vom Himmel. Ida muss an ihren Wunsch an die Schneekönigin denken. Es kann doch nicht sein … oder doch?

Da spürt sie Ellas warme Hand, die ihre Hand drückt. Ida lächelt. Ja, sie werden wunderbare Winterferien haben – alle zusammen, Tag und Nacht.

Als sie schon eine Weile fahren, wird die Landschaft um sie herum immer weißer.

»Guckt mal, wie schön! Hier liegt überall viel mehr Schnee«, staunt Ida.

»Jetzt sind wirklich Winterferien«, freut sich Ella.

»Na, hab ich euch doch gesagt«, sagt Opa von vorne.

Ida und Ella winken aufgeregt den Jungs durch die Rückscheibe, die im Auto mit Frau Rosenbaum hinterherfahren.

Weil einem aber schlecht wird, wenn man andauernd aus dem Rückfenster guckt, spielen sie *Ich seh eine Farbe, die du nicht siehst*. Als Lilly zum dritten Mal die Farbe Blau aussucht und die Lösung jedes Mal Omas und Opas Auto ist, haben Ida und Ella keine Lust mehr.

Oma schaltet den Kassettenrekorder vorne im Armaturenbrett an. »Die Geschichte hat eure Mama rauf und runter gehört«, kündigt sie an. Rauschend tönt ein Lied durchs Auto: »Hurra, hurra, der Kobold mit dem roten Haar …« Zufrieden kuscheln sich alle in ihre Sitze und lauschen Frau Rosenbaums Lieblingskassette.

Danach verteilt Opa belegte Brote und Getränke, weil er weiß, wie furchtbar hungrig und durstig Verreisen macht.

Gerade als Lilly zum x-ten Mal »Wann sind wir daaa?« kräht, fahren sie von der Autobahn ab.

»Noch eine halbe Stunde«, verkündet Opa. »Kannst du es nicht mehr erwarten?«

»Im Gegenteil.« Lilly schüttelt wild den Kopf. »Ich könne noch ewig weiterfahren, so gemütlich ist das.«

Die Straße führt in sanften Kurven durch die Landschaft und wird allmählich schmaler und schmaler. Rechts und links von ihnen ziehen mit Schnee bedeckte Bäume, Büsche, Felder und Hügel vorbei. Eine richtige Zuckerwattewelt. Neben der Straße führen Gleise entlang und sie überholen sogar einen Zug.

Schließlich fährt Oma langsamer und sie gelangen in ein Dorf. Kleine bunte Häuser säumen die schmale Straße und auf einmal kommt Ida alles bekannt vor.

»Wir sind da!«, ruft sie aufgeregt. »Da vorne ist der Bahnhof von Sprembüttel.«

Sofort drücken alle ihre Nasen an den Autofenstern platt.

»Cool, hier gibt's so viel Schnee!«, staunt Ella. »Da kann man sogar mit Skiern auf der Straße laufen.« Sie zeigt auf einen Mann mit Langlaufskiern.

»Da guckt ihr, was?«, fragt Opa lachend. »Hier bei uns streut der Schneeräumer kein Salz, da bleibt immer etwas Schnee auf der Straße liegen.«

»Das ist besser für die Umwelt«, weiß Ida aus der Schule.

»Außerdem sieht es viel schöner aus als nur grauer Matsch auf der Straße«, meint Ella.

»Wir sind im Weihnachtsdorf«, seufzt Lilly glücklich.

Nach dem Bahnhof fahren sie an der Poststation vorbei, dann an der Eisdiele (die natürlich Winterpause hat) und an der

Bäckerei, wo das Schaufenster mit grünen Tannengirlanden und Lichterketten geschmückt ist.

»Da, die Bäckersfrau!« Ida stößt Ella an und beide winken, doch da sind sie schon daran vorbei.

»Dort links geht's zu Hannos Hof«, weiß Ida noch vom Sommer.

»Wir gehen sofort nachher hin, Opa, und besuchen Motzi und Blitz!«, bestimmt Lilly, der die Lämmchen nun wieder eingefallen sind.

»Dort im Hinterhof geht's zu Frederiks Fahrradverleih«, erinnert sich Ida und ist schrecklich froh, wieder hier zu sein.

»Im Winter gibt's bei Frederik aber keine Räder«, lacht Opa. »Dafür kann man Skier und Schlitten leihen.«

»Frederik ist ganz schön clever«, sagt Ella beeindruckt. »Man muss den Leuten was bieten, egal zu welcher Jahreszeit.«

»Gell, Omilein«, säuselt Lilly zuckersüß, wie immer, wenn sie etwas will. »Gleich morgen holen wir uns Skier und dann fahren wir mit Karacho die Berge runter.«

»Ach, du liebes bisschen, gleich mit Karacho«, antwortet Oma mit gespieltem Schreck. »Kannst du denn Ski fahren?«

»Keine Ahnung«, gibt Lilly zu. »Ich hab's noch nie probiert. Aber du bringst es mir schon bei.«

Am Ortsende setzt Oma den Blinker und sie biegen links ab. Dort, wo der Wegweiser »Zur Mühle« gerade noch aus einem dicken Schneehaufen herausguckt.

Endlich wieder im Auge des Sturms und viele Grüße an die Mühlengeister

Ein kniehoher Schneewall säumt den schmalen Weg. Er führt sie an Obstbäumen vorbei, die jetzt Schneehäubchen statt Äpfeln und Kirschen tragen. Die Autoreifen schlittern ein wenig auf dem festgefahrenen Schnee, auf dem Land ist es eben abenteuerlich. Dann taucht schon die rote Mühle auf, die ihre Flügel in den blauen Himmel reckt. Natürlich wohnen Oma und Opa nicht in der Mühle, darin ist es viel zu eng und sie müssten dauernd über schmale Leitern ins nächste Zimmer klettern. Das ist für alte Leute wirklich nichts. Nein, die Mühle ist ein Museum und Opa zeigt den Touristen alles, was sie wissen wollen. Omas und Opas Haus ist gleich hinter der Mühle, ein gemütliches rotes Backsteinhaus.

Beide Gebäude haben weiße Pudelmützen aus Schnee auf und von der Regenrinne hängen lange Eiszapfen. Kaum hält die kleine Reisegesellschaft auf dem Parkplatz, fliegen die Türen beider Autos auf.

»So muss richtiger Winter sein!«, jubelt Lennart und wirft mit beiden Händen Schnee wie Konfetti in die Höhe.

»Ich glaub, wir sind in Grönland!«, kichert Ida.

Schnell ziehen sich alle ihre dicken Jacken über, denn trotz Sonnenschein ist es ziemlich kalt. Ida und Ella rennen los und klettern auf Händen und Füßen auf einen riesigen Schneehaufen neben einem kleinen Schneepflug.

»Da können wir ein prima Iglu bauen«, freut sich Ella.

»Nee, danke«, verkündet Malte, die Hände tief in den Jackentaschen vergraben.

»Mir reicht unser Bandenquartier«, meint auch Lennart.

Ida und Ella grinsen. Irgendwie haben die Jungs was gegen Iglus, seit sie einmal im Holunderweg beinahe eine Nacht im Iglu verbracht haben. Kurz vor Mitternacht wurden sie damals dann von einem »gefährlichen Raubtier« ins Haus getrieben.

»Leute, auf zum Auge des Sturms!«, kräht Bruno.

Dann gibt es kein Halten mehr und Bruno, Lennart, Malte, Ella und Ida stürmen los. Durch den tiefen Schnee um die Mühle herum, rechts am Holzschuppen vorbei und durch den Garten voller Obstbäume. Glitzernd wie tausend Diamanten liegt die Schneedecke in der Sonne. Unberührt, bis auf eine Spur von einem Hasen oder einer Katze. Vielleicht aber auch von einem Fuchs, wer weiß.

Und da steht das *Auge des Sturms,* Opas alter Schäferwagen, der seit letztem Sommer ihr Bandenquartier ist. Versteckt hinter den Himbeersträuchern, die durch die Last des Schnees etwas eingesunken sind.

Das *Auge des Sturms* sieht im Moment eher wie eine Polarstation aus. Das Dach, der kleine Schornstein, die Fensterläden und die Stufen zur Tür hinauf sind voller Schnee und an den Sprossenfenstern haben sich kleine Schneewehen gebildet. Was richtig hübsch aussieht.

»Schlüssel kommt gleich«, verspricht Malte. Weil er der Kleinste ist und sie es letzten Sommer auch so gemacht haben, krabbelt er unter den Schäferwagen, um den Schlüssel vom geheimen Haken zu holen.

»Die Winterferien werden genial«, sagt Ella und alle klatschen sich ab.

Da taucht Malte wieder auf, Jacke, Hose und Stiefel voller Schnee. »Der Schlüssel ist nicht da!«, keucht er mit blassem Gesicht. »Der Haken ist leer.«

»Nicht da?«, wiederholt Ida verblüfft.

Doch Lennart strahlt. »Wetten, das waren die Geparden!«

»Quatsch«, wehrt Ella ab. »Die würden den Schlüssel doch wieder zurückbringen.«

»Hast du im Schnee gesucht?«, fragt Ida. »Vielleicht ist er vom Haken gefallen.«

»Alles abgesucht«, bestätigt Malte und haucht in seine Hände, die vom Schnee schrecklich kribbeln.

»Dann war es ein Fremder«, raunt Lennart, dass es allen kalt den Rücken runterläuft.

Ella runzelt die Stirn. »Du meinst, jemand hat, solange wir nicht da waren, unseren Schäferwagen gekapert?«

»Die Ferien fangen ja gut an«, jammert Bruno.

Alle schweigen erschrocken. Im Sommer wollte ihnen die Gepardenbande den Schäferwagen abnehmen, doch das war Spiel und inzwischen sind sie miteinander befreundet. Was, wenn sie es diesmal mit einem echten Gangster zu tun haben?

»Sucht ihr den hier?«, holt Opas Stimme sie aus ihren Gedanken.

Er ist jetzt auch mit Lilly, Oma und Frau Rosenbaum beim Schäferwagen angekommen. Zwischen seinen Fingern baumelt der eiserne Schäferwagenschlüssel.

»Ich alter Bär krabble doch nicht jedes Mal auf allen vieren unter den Wagen, um den Schlüssel zu holen, wenn ich hier nach dem Rechten sehen will«, erklärt er lachend.

Der Schlüssel hakt etwas im Schloss, dann betreten Ida, Ella, Lennart, Malte und Bruno den Schäferwagen. Irgendwie haben sie gehofft, dass es im Inneren noch nach Sommer riecht, doch auch hier hat der Winter Einzug gehalten. Aber der Wagen ist genauso, wie sie ihn verlassen haben.

»Alles fertig zum Einzug!«, ruft Malte. »Kommt, wir holen schon mal die Matratzen und unser Gepäck.«

»Moment mal«, bremst Frau Rosenbaum die Kinder. »Im Winter könnt ihr da aber nicht übernachten.«

»Das würd ich auch meinen«, bestätigt Oma. »Der Schäferwagen ist aus einfachem Holz, da weht der eisige Wind durch die Ritzen und am nächsten Morgen seid ihr Eiszapfen.«

»Wir können den Bollerofen anfeuern«, meint Ella. Wozu haben sie das gusseiserne Öfchen in der Ecke neben dem Tisch und den beiden Bänken?

Opa nickt. »Tagsüber können wir das so machen«, stimmt er zu. »Aber nachts ist mir das zu gefährlich, die ganze Bande allein mit dem Feuer. Und gut lüften muss man auch immer, sonst …«

»… sonst ersticken wir an Kohlenstaub«, beendet Lennart Opas Satz.

»Kohlenmonoxid«, verbessert ihn Bruno. »Davon geht man in ein paar Minuten hops.«

Betreten gucken sich alle an. Hopsgehen wollen sie nun wirklich nicht wegen so einem kleinen Holzofen.

»Aber wo schlafen wir dann?«, fragt Ida und hat immer noch Gänsehaut.

»Also ich schlaf wieder in Mamas Mädchenzimmer, gell Omilein«, flötet Lilly. »Da geh ich nicht hops.«

»Natürlich gehst du nicht hops«, versichert Ida schnell und nimmt Lilly in den Arm. Lilly ist noch viel zu klein für so gruselige Dinge. Und Mama soll sehen, dass Lilly hier bei Oma und Opa gut aufgehoben ist, und dass sich Ida und die anderen gut um sie kümmern.

»Wir finden schon einen Platz für euch«, verspricht Opa.

»Als Erstes gehen wir mal ins Haus«, kommandiert Oma. »Und ich mach uns eine ordentliche Stärkung.«

»Oma, du musst Räuberpicknick sagen«, verbessert Ida sie. So haben sie das Essen im Schäferwagen immer genannt. Genau wie Frau Rosenbaum als Kind, als sie noch hier gewohnt hat. »Sonst wissen wir doch gar nicht, was du meinst.«

»Das ist wohl wahr«, bestätigt Oma schmunzelnd.

Frau Rosenbaum lächelt. »Ja, ein Räuberpicknick wäre jetzt fein.«

Dann folgen alle Oma Sprembüttel, die mit wehendem Wintermantel vorausstapft. Während Oma, Frau Rosenbaum und Lilly schon ins Haus gehen, holen die anderen noch das Gepäck aus den Autos. Und kurz darauf ist der Windfang im Wohnhaus rappelvoll mit Taschen, Koffern, Rucksäcken und neun Paar Stiefeln.

In der Küche decken Frau Rosenbaum und Lilly den Tisch und Oma steht am Herd und backt Pfannkuchen. Mit zwei Pfannen gleichzeitig, weil es sonst bei so vielen Leuten ewig dauern würde. Aber schließlich ist es so weit und jeder bekommt einen Pfannkuchen. Dazu gibt es Kirschkompott und Apfelmus aus Omas und Opas Einmachregal in der Speisekammer und Puderzucker.

»Oma, hast du auch wieder unseren Sekt?«, fragt Lennart.

»Sekt?«, fragt Frau Rosenbaum entrüstet. »Mama, du hast doch nicht etwa den Kindern …?«

Oma winkt lachend ab. »Ich will mal gucken, ob ich noch ein Fläschchen finde«, sagt sie und öffnet den Kühlschrank.

»Holundersirup«, stöhnt Mama lachend, als Oma allen ein hellgelbes Getränk mit Blubberblasen in ihre Gläser gießt.

Danach werden Pfannkuchen bestrichen, gerollt und gepudert, und fröhlich schwatzend verputzen alle das Räuberpicknick bis auf den letzten Krümel.

Nachdem sie das Geschirr in die Spülmaschine geräumt haben, holt Frau Rosenbaum ihre Jacke von der Garderobe.

»So, meine Lieben, ich muss los«, sagt sie. »Ich will noch bei Tageslicht bei Anette ankommen.«

Wer jetzt denkt, dass Lilly vielleicht auf der Stelle Heimweh bekommt, der täuscht sich.

»Dann fahr schnell, Mami«, sagt sie stattdessen und greift nach Omas Hand. »Wir haben nämlich schrecklich viel zu tun. Gell, Omilein?«

»Ja, wenn das so ist«, meint Frau Rosenbaum lachend und gibt Ida, Lennart und Lilly einen dicken Kuss.

Auf dem Parkplatz werden alle noch mal groß umarmt, dann steigt Frau Rosenbaum ins Auto.

»Und grüßt die Mühlengeister schön von mir«, sagt sie. »Vielleicht verraten sie euch, wo der Mühlenschatz versteckt ist. Mir haben sie es früher leider nie gesagt.« Sie zieht die Autotür zu und fährt fröhlich winkend ab.

Als sie um die Kurve ist, wird Opa sofort bedrängt.

»Welchen Mühlenschatz meint Mama?«, fragt Ida. »Ich dachte, das ist nur eine Geschichte.«

»Die Mühlengeister sind nur ein Märchen«, bekräftigt Lennart.

»Sind sie nicht!«, protestiert Lilly. »Gell, Opilein?«

»Natürlich nicht«, sagt Opa ernst. Er wird ein bisschen rot, was man wegen seinem dicken grauen Nikolausbart nur an der Nasenspitze sehen kann.

Die anderen grinsen, denn schön wäre so ein Mühlenschatz schon.

»In jedem Märchen steckt auch ein bisschen Wahrheit«, beteuert Malte aufgeregt.

»Wir können doch mal danach suchen«, schlägt Ella vor.

»Also, es heißt, dass die Mühlengeister in der dunkelsten Nacht des Jahres Korn zu Gold mahlen«, sagt Opa schulterzuckend. »Doch außer normalem Staub hab ich in der Mühle noch nichts gefunden.«

»Und wann ist die dunkelste Nacht?«, fragt Lennart

»Na ja, die längste Nacht des Jahres ist zumindest der 21. Dezember«, lacht Oma. »Aber ob sie auch die dunkelste ist?«

»Ich hab's!«, brüllt Lennart auf einmal. »Die dunkelste Nacht ist in fünf Tagen!«

Er guckt triumphierend in die Runde. Doch weil die anderen ihn nur fragend ansehen, platzt er schon selbst damit heraus: »Es ist Silvester!«

Ida schüttelt zweifelnd den Kopf. »Aber an Silvester ist der ganze Himmel voller Feuerwerk. Das ist bestimmt nicht die dunkelste Nacht.«

»Ich kann's im Internet locker rausfinden«, bietet Bruno an. Doch dann fällt ihm ein, dass Oma und Opa vielleicht gar kein Internet haben.

Prompt zieht Oma Sprembüttel die Augenbrauen hoch. »Nee, einen Computer haben wir hier nicht«, meint sie. »Auch nicht so ein Weelahn.«

»Das ist normal bei Omas und Opas«, versichert Bruno. Dabei hat seine Oma in Rom ein Tablet, über das sie immer mit Video telefonieren. Aber das ist vielleicht eine Ausnahme und er will nicht, dass es Oma und Opa Sprembüttel peinlich ist.

»Das Netz ist hier sowieso ziemlich lahm«, ergänzt Ella. »Mit meinem Notfallhandy komm ich kaum ins Internet.«

»Ihr könnt im Lexikon nachschauen«, schlägt Opa vor. »Das ist zwar nicht so modern wie das Internet, aber …«

»Wir sollen sowieso nicht so oft am Computer sein«, sagt Ida versöhnlich.

Da prustet Oma los. »Kinder, was denkt ihr denn?«, fragt sie kopfschüttelnd. »Natürlich haben wir einen Computer. Wir sind doch nicht von vorgestern.«

»Ihr habt uns reingelegt!«, schimpft Lennart.

Auch Opa muss lachen. »Nur die Datenübertragung ist auf dem Land wirklich nicht die schnellste«, gibt er zu.

»Ihr kriegt bestimmt richtig Ärger, wenn ihr den Mühlengeistern ihren Schatz wegnehmt«, mischt sich Lilly ein. »Und überhaupt will ich jetzt endlich Motzi und Blitz besuchen!«

Was eine fabelhafte Idee ist. Das Gepäck können sie später auch noch auspacken.

Motzi und Blitz und das beste Räuberlager der Welt

»Nehmt eure Taschenlampen mit«, sagt Oma, während sie Lilly die Handschuhe über den Schneeanzug stülpt.

»Es ist doch noch hell«, sagt Ida. »So lang bleiben wir nicht.«

»Gegen fünf ist es hier im Winter schon zappenduster«, meint Opa. »Das ist hier nicht wie in der Stadt, wo alles hell beleuchtet ist.«

Gut, dass an Lennarts Wildnis-Rucksack eine Stirnlampe in einer kleinen Außentasche steckt. Die anderen müssen erst ihr Gepäck durchwühlen, bis sie fündig werden.

»Wildnis, wir kommen!«, ruft Lennart und zieht sich das Gummiband mit der Stirnlampe über die Mütze.

»Aber dass ihr mir zum Abendessen zurück seid«, verabschiedet Oma sie. »Und grüßt Hanno schön.«

Eingepackt in dicke Jacken, Mützen, Schals, Handschuhe und Stiefel, marschieren sie zu siebt den freigeschaufelten Weg ums Haus entlang. Voran Opa mit Lilly, dann Lennart, Bruno, Malte, Ida und Ella.

»Na, findet ihr den Schleichweg wieder?«, fragt Opa.

Sofort durchströmt alle ein herrliches Kribbeln, denn den Schleichweg sind sie im Sommer viele Male gegangen. Bloß jetzt ist die Stelle kaum wiederzuerkennen. Wo sich der Pfad durch hohes Gras geschlängelt hat, ist nun eine weite Schneefläche bis zum Horizont. Und natürlich gibt es keinen Wegweiser, denn ein Schleichweg soll ja geheim bleiben.

»Tja, wenn ich meinen Kompass hier hätte«, prahlt Lennart.

»Dann geh ich mal lieber vor, was?«, schmunzelt Opa.

Es knirscht unter ihren Stiefeln, als sie ihm durch den hohen Schnee hinterherstapfen. Lilly kämpft sich an Opas Hand tapfer vorwärts, obwohl sie jedes Mal fast bis zu den Knien einsinkt. Immer wieder kreuzen Tierspuren ihren Weg.

»Das war bestimmt ein Hase«, meint Ida und zeigt auf eine Zickzack-Spur.

»Die hier ist von einem Vogel!«, ruft Ella begeistert.

»Und die hier?«, fragt Lilly.

Opa untersucht die Spur. »Das war ein Hund. Seht ihr den Abdruck der Krallen? Katzen können sie einziehen, Hunde nicht.«

»Ein armer hungriger Hund.« Lillys Stimme zittert. »Wir müssen ihm Futter bringen.«

»Sicher war er mit seinem Besitzer unterwegs und hat eine kleine Extrarunde gedreht«, beruhigt Opa sie. »Schau mal, dort lief ein Fuchs und hier sogar ein Dachs.«

»Gibt's auch Bären hier?«, fragt Malte vorsichtshalber.

Bruno winkt ab. »In Deutschland schon lange nicht mehr.« Er muss es wissen, bei den vielen Wissenssendungen, die er immer guckt.

Als sie an dem kleinen Campingplatz vorbeikommen, wo der blau-weiße Wohnwagen der Gepardenbande immer stand, späht Lennart unauffällig über den Zaun. Vielleicht ist Emilia doch hier? Aber niemand ist zu sehen und die wenigen Wohnwagen sind alle winterfest eingepackt und warten auf den Sommer.

Auf einer schmalen Brücke überqueren sie den Teufelsbach (so haben sie den Bach zur großen Wasserschlacht im Sommer getauft). Er ist fast komplett von Eis bedeckt, nur an wenigen Stellen plätschert Wasser darunter hervor.

»Bestimmt können wir bald Schlittschuh laufen«, jubelt Ella. Vorsichtig testet sie mit einem Fuß das Eis, springt aber gleich quiekend zurück, als es bedrohlich knirscht.

»Zum Eislaufen gehen wir lieber auf den Froschweiher«, sagt Opa. »Der Bach war vor vierzig Jahren zuletzt zugefroren.«

»Auf den Froschweiher«, wiederholt Ida. Hier hat alles so wunderbare Namen. Am liebsten wäre sie nicht nur in den Ferien hier, sondern für immer. Aber mit Mama und Papa natürlich. Bloß dann müssten sie aus dem Holunderweg ausziehen und das kann Ida sich nicht mal eine Sekunde lang vorstellen.

Sie folgen dem Ufer weiter in Richtung Dorf. Bald klingt ihnen durch die klare kalte Luft aufgewecktes Gackern und Meckern entgegen. Als sie bei Hannos Bauernhof ankommen, sehen sie auch, wer die Geräusche macht. Obwohl es Winter ist, staksen die Hühner mit ruckenden Köpfen über den verschneiten Hof und auch die Schafe sind im Freien.

Hanno tuckert gerade auf einem Traktor über den Hof. Als er sie sieht, stellt er den Motor ab und begrüßt sie freudig:

»Das ist aber schön, dass ihr zu Besuch kommt.« Er zwinkert Opa zu. »Da ist endlich mal wieder was los im Mühlenhof, was Ludger?«

»Und ob, das hält mich jung«, meint Opa. »Die Bande will mal nach ihren Lämmern sehen.«

»Frieren die Hühner nicht?«, fragt Ella besorgt. »Die haben ja kein Winterfell oder so.«

»Herrje, das würde lustig aussehen«, lacht Hanno. »Nein, aber die Hühner bekommen im Winter Zusatzfutter, das ihnen reichlich Energie gibt. Im Stall hab ich dick eingestreut und ich passe auf, dass das Trinkwasser nicht gefriert.«

»Was ist mit den Schweinen?«, fragt Malte, weil sie nirgends zu entdecken sind.

»Die sind im Stall im Warmen«, kommt Lilly Hanno zuvor. »Die sind ja fast nackig und haben nur Borsten.«

Da müssen alle lachen, weil sich das aus Lillys Mund so niedlich anhört.

»Und wo sind die Gänse?«, fragt Ella und zeigt zu dem kleinen Teich neben dem Stall.

Opa sieht Hanno an und schüttelt unauffällig den Kopf. Aber Ida hat es trotzdem gesehen.

»Die hat Hanno … verkauft«, erklärt Opa ausweichend. »Aber guckt mal, ob ihr Motzi und Blitz wiedererkennt.«

Hanno hat vor dem Schafstall ein Gehege umzäunt und die Stalltür einfach offen gelassen. So können die Schafe draußen oder drinnen sein, ganz wie sie wollen. Gerade haben sie richtig Spaß und toben mit wilden Bocksprüngen durch den Schnee. Bloß welche von ihnen sind Motzi und Blitz?

»Puh, gar nicht so einfach«, meint Ida, während sie die Herde beobachten. »Die sehen alle fast gleich aus.«

»Und sie sind alle fast gleich groß«, seufzt Ella.

»Komm, Motzi«, lockt Malte. »Komm, Blitz!«

Auf einmal dreht eins der Schafe den Kopf und läuft neugierig auf sie zu. Es ist komplett weiß und steckt seine weiche Nase durchs Gatter. Als es merkt, dass Malte keine Leckerlis hat, beschwert es sich empört. Mit einem Meckern, das wie ein Motzen klingt, und den Kindern sehr bekannt vorkommt. Es klingt nur etwas erwachsener als im Sommer.

»Bist du das, liebe kleine Motzi?«, fragt Lennart sanft.

»So nett kannst du ruhig auch mal mit mir reden«, zieht Ida ihn auf.

Lennart grinst. »Aber natürlich, du putziges Schaf.«

Da rennt im wilden Galopp ein zweites Schaf aus der Herde auf sie zu. Es ist ebenfalls weiß, doch auf der Stirn hat es einen schwarzen Fleck – in der Form eines Blitzes.

»Es sind Motzi und Blitz!«, ruft Bruno und sieht sich nach Hanno um. »Stimmt's?«

»Sie haben uns wiedererkannt«, freut sich Ida.

»Natürlich erkennen sie uns«, schnaubt Lilly. »Wir sind so was wie ihre zweite Mama. Wir haben ihnen Milchfläschchen gemacht und sie gefüttert.«

»Ihr seid sogar nachts gekommen, um die beiden Leichtgewichte aufzupäppeln«, bestätigt Hanno.

»Das war ganz schön knapp damals«, erinnert sich Bruno.

Lilly guckt erschrocken. »Heißt das, sie wären fast hopsgegangen?«

Lennart legt tröstend den Arm um sie. »Aber jetzt sind sie groß und stark.«

Ida zählt die Monate seit dem Sommer an den Fingern ab. »Sie sind schon fünf Monate alt.«

»Sie sind aufmüpfige Jugendliche«, sagt Opa lachend. »Habt ihr geglaubt, die beiden bleiben ewig klein?«

Dann muss Hanno in allen Einzelheiten erzählen, was Motzi und Blitz inzwischen erlebt haben. Währenddessen drängen sich die beiden Schafe zu den Kindern, um sich ausgiebig streicheln zu lassen.

»... und einmal war Blitz eine ganze Nacht verschwunden«, sagt Hanno. »Euer Opa hat mir suchen geholfen. Der kleine Schlingel war einfach unter dem Zaun durchgekrabbelt und hat sich auf Abenteuertour gemacht.«

»Das hast du uns gar nicht erzählt, Opa!«, beschwert sich Lennart.

»Bei Schafen passiert das schon mal«, wehrt Opa ab. »Und es ist ja gut ausgegangen.«

Hanno öffnet das Gatter einen Spalt und winkt die Kinder und Opa hinein. »Helft ihr mir, sie in den Stall ...?«

Hanno muss gar nicht zu Ende reden, da packen die sechs Kinder schon mit an. Doch weil junge Schafe im Schnee irgendwie Hummeln im Hintern haben, und Motzi und Blitz ganz besonders, dauert es eine Weile, bis alle endlich im Stall sind.

Als die Tiere gierig Heu aus ihren Raufen an der Wand zupfen, merken Ida, Ella, Malte, Lennart, Bruno und Lilly, dass sie selbst auch ganz schön hungrig sind.

»Dann wollen wir mal, Vera wartet bestimmt schon mit dem Abendessen«, sagt Opa, als hätte er es erraten. »Hanno, hast du noch zehn Eier für uns.«

»Im Winter legen die Hühner weniger«, sagt Hanno. »Aber für Stammkunden hab ich immer was zurückgelegt.«

Opa kramt ein paar Münzen aus seiner Jacke und folgt Hanno in eine Kammer.

Währenddessen verabschieden sich die Kinder von Motzi und Blitz.

»Schlaft gut«, sagt Lilly und gibt beiden einen Gute-Nacht-Kuss aufs Fell. »Morgen kommen wir wieder.«

Lennart sieht durch den Türspalt, wie sich Opa und Hanno die Hand schütteln und dabei nicken, als hätten sie etwas miteinander ausgemacht. Seltsam, so was Oberwichtiges ist ein Eierkauf nun auch wieder nicht.

Als die Kinder mit Opa kurz darauf durch die Stalltür schlüpfen, ist es draußen schon fast dunkel.

»Alle Taschenlampen an«, kommandiert Lennart. »Sonst versinken wir in den Sümpfen von Sprembüttel.«

»Quatsch, mach Lilly keine Angst«, schimpft Ida, denn die Vorstellung ist wirklich gruselig. »Hier gibt's keine Sümpfe.«

»Und wenn, dann wären sie bei der Eiseskälte gefroren«, sagt Malte. Vor allem, um sich selbst zu beruhigen.

»Bleibt zusammen«, mahnt Opa und hebt Lilly auf seine Schultern. »Nicht, dass wir jemanden verlieren.«

Ida greift nach Ellas Hand und auch die Jungs gehen brav hintereinander. Die Lichtkegel der Taschenlampen tanzen im Dunkeln vor ihnen auf dem Schnee, während sie im Gänsemarsch ihren Spuren von vorhin wieder zurück folgen.

Am Ende des Schleichwegs leuchten die Fenster von Omas und Opas Haus.

»Stiefel aus!«, schallt es ihnen entgegen, als sie den Windfang betreten. Wo sich noch immer ihre Taschen, Rucksäcke und Lillys rosa Rollköfferchen stapeln.

Auf dem Küchentisch wartet auf jeden ein dampfender Teller leckerer Kartoffelsuppe, was jetzt zum Aufwärmen genau das Richtige ist. Und weil man in den Ferien nicht schon mit den Hühnern ins Bett muss, wie Oma sagt, machen sie es sich nach dem Essen im Wohnzimmer gemütlich. Dort brennt schon knisternd der Kamin und es ist herrlich warm.

»Ihr habt ja gar keinen Weihnachtsbaum«, ruft Lennart plötzlich erschrocken.

Oma guckt etwas ertappt. »Na ja«, sagt sie. »Weil wir diesmal Weihnachten bei euch waren, haben wir uns die Arbeit gespart.«

»Das ist doch keine Arbeit«, empört sich Ida.

Lilly nickt. »Der Weihnachtsbaum ist das Schönste an Heiligabend.«

»Also außer den Geschenken«, stimmt Lennart zu. Nicht, dass Oma da was falsch versteht. Oder der Weihnachtsmann, falls er das mitbekommt.

»Aber die Blumenkästen draußen sind mit Tannenzweigen dekoriert«, verteidigt sich Opa. »Und wir haben einen Adventskranz.« Er zeigt auf den Sofatisch.

»Immerhin«, sagt Bruno beruhigt. Auch wenn der Adventskranz schon Tannennadeln verliert und die Kerzen runtergebrannt sind.

Oma setzt sich auf den Teppich vor dem Kamin und hält ein Kartenpäckchen hoch. »Wer hat Lust auf ein paar Runden Uno?«

Was wirklich eine lustige Frage ist, weil immer alle Lust auf Uno haben.

Als die große Wanduhr neun schlägt und Lilly schon ein bisschen quengelig wird, fragt Ida: »Wo schlafen wir denn nun, Oma?«

»Machen Sie sich bitte keine Umstände«, sagt Ella höflich. Obwohl es natürlich Umstände macht, wenn man sechs Kinder zu Besuch hat. Auch wenn sie mithelfen und Oma und Opa Essensgeld bekommen. »Wir können im Wohnzimmer schlafen.«

»Eine Nacht könnt ihr zur Not zu mir kommen«, bietet Lilly an.

Was wirklich süß von Lilly ist. Aber Ida, Ella, Lennart, Malte und Bruno haben sich die Ferien bei Oma und Opa doch ein bisschen anders vorgestellt.

»Tja, wo packen wir euch bloß hin?« Oma kratzt sich grübelnd

am Kopf. »Ins Mädchenzimmer geht nicht, das ist zu klein. Und große Kinder brauchen ihren eigenen Platz.«

Ida, Ella, Lennart, Malte und Bruno nicken erleichtert.

Jetzt kratzt sich Opa am Kopf. »Lasst mich mal überlegen«, murmelt er. »Wo ham wir denn Platz für die komplette Bande?«

Doch schon grinsen Opa und Oma breit, weil sie sich das natürlich längst überlegt haben.

»Kommt mal mit«, befiehlt Oma und im Gänsemarsch folgen ihr alle die Treppe ins obere Stockwerk hinauf. Aber dort gibt es nur drei Türen: eine zu Omas und Opas Schlafzimmer, eine zu Lillys Zimmer und eine zum Badezimmer. Wo soll denn da ihr Zimmer sein?

Doch Opa nimmt eine lange Hakenstange aus dem Wandschrank und dann passiert etwas Wunderbares, fast wie ein Zaubertrick. Hoch oben in der Decke ist eine viereckige hölzerne Luke verborgen. Mit der Hakenstange angelt Opa über ihren Köpfen nach einem kleinen Ring an der Lukentür und zieht daran. Knarzend klappt die Lukentür nach unten. Und jetzt sieht man, dass dahinter eine Leiter versteckt ist, die Opa bis zum Boden ausklappt.

»Eine Geheimtür«, staunt Bruno.

»Wir schlafen auf dem Dachboden?«, versichert sich Lennart aufgeregt.

Opa zeigt einladend nach oben. »Immer schön festhalten«, warnt er. »Der Dachboden ist euer Räuberlager im Winter. Im Schäferwagen holt ihr euch bloß Frostbeulen und eure Eltern beschweren sich, dass wir ihnen kranke Kinder zurückgeben.«

In Windeseile krabbeln sie die Leiter hoch und durch die

Luke. Vor ihnen liegt ein nicht allzu hoher Raum im Dämmerlicht, an dessen Ende ein rundes Fenster etwas Mondlicht hereinlässt.

In der Mitte liegen zusammengeschobene Matratzen, über die auf einer Wäscheleine eine breite Stoffbahn wie ein Zelt gespannt ist. Ganz hinten sieht man die Umrisse von einem niedrigen Tisch, um den fünf Sitzkissen verteilt sind. Vorne neben der Luke steht eine Heizung auf Rädern, die leise surrend für Wärme sorgt.

»Es ist wunderbar«, schwärmt Ida und umarmt Ella ausgelassen.

»Ich wollte schon immer mal auf einem Dachboden schlafen!«, bestätigt Malte.

»Wir haben den Dachboden vor ein paar Jahren isoliert, da habt ihr es schön warm. Ihr müsst nur eure Köpfe einziehen.« Opa deutet auf die niedrige Decke mit den hölzernen Dachbalken. »Sonst gibt's zwar keine Frostbeulen, aber Beulen am Kopf.«

»Das ist das beste Winterlager der Welt«, verkündet Ella glücklich.

»Genehmigt!«, kräht Lennart und macht einen Salto auf die Matratzen. Was unter der niedrigen Decke fast schiefgeht.

Da taucht Oma in der Luke auf. »Hier habt ihr ein Schlummerlicht, das stellt ihr neben die Luke«, erklärt sie. »Damit ihr euch nachts zurechtfindet, wenn jemand aufs Klo muss.«

»Wie ein Leuchtturm«, kichert Ida. »Damit wir uns im Dunkeln nicht verirren.«

Da klingt Lillys drängelnde Stimme von unten zu ihnen herauf: »Opa, jetzt musst du mich aber ins Bett bringen und mir mehr von dem Kobold mit den roten Haaren erzählen.«

Als Lennart, Bruno, Malte, Ida und Ella das ganze Gepäck auf den Dachboden geschleppt und sich gemütlich eingerichtet haben, schläft Lilly längst. Oma und Opa sitzen wieder im Wohnzimmer: Beide brüten mit Stift und Taschenrechner über einem großen Blatt Papier.

»Dann schlaft mal gut«, sagt Opa. »Morgen haben wir einiges vor.«

»Was denn?«, fragt Lennart natürlich sofort.

»Wir müssen zum Schreiner«, murmelt Opa.

Doch sosehr sie auch nachbohren, mehr verrät er nicht. Geheimnisvoll lächelnd zeichnet er weiter Striche aufs Papier und Oma tippt auf dem Taschenrechner herum. Da hilft wohl nur Abwarten.

»Und ihr wisst ja«, meint Oma. »Was man woanders in der ersten Nacht träumt, geht in Erfüllung.«

Nach einer Katzenwäsche machen es sich die fünf in ihren Schlafsäcken auf dem Matratzenlager bequem. Ida und Ella liegen natürlich nebeneinander. In der Mitte kommt Malte, weil er der Jüngste ist, dann Bruno und außen Lennart. Genauso wie sie es im Schäferwagen gemacht haben.

»Was glaubt ihr, was es mit dem Schatz der Mühlengeister auf sich hat?«, flüstert Ella.

Da merkt Bruno, dass er völlig vergessen hat, im Internet nachzuschauen. Bei Oma und Opa Sprembüttel ist einfach immer so viel los. »Vielleicht ist in der Mühle eine Schatzkarte versteckt«, überlegt er gähnend.

»Niemand kann Korn zu Gold mahlen«, widerspricht Ida.

»Wir schauen uns morgen mal in der Mühle um«, schlägt Malte vor.

Durch die Luke dringt das leise Knarzen der Treppe, als Oma und Opa auch ins Bett gehen.

»Hört ihr die Mühlengeister?«, wispert Lennart kichernd.

»Lass das!«, schimpft Ida und rutscht mit ihrem Schlafsack näher an Ella.

Dann schauen sie durch das runde Fenster in den nächtlichen Himmel, der vor Millionen von Sternen nur so funkelt.

Oder sind es Millionen Schneeflocken auf ihrem Weg zur Erde? Aber bevor sie groß darüber nachdenken können, fallen allen die Augen zu.

Draußen legt sich die frostklare Winternacht still über die Mühle und übers Haus, nur ab und zu schuhut ein Käuzchen und irgendwo in der Ferne bellt ein Hund.

Opas geheimnisvolle Bestellung

»Kikerikiii!«

Ist das Lilly, die solchen Radau macht? Lennart streckt sich und *rums* stößt seine Hand gegen etwas Hartes über ihm. »Autsch!«, beschwert er sich. Doch sofort weiß er wieder, wo er ist. Auf Omas und Opas Dachboden, wo sie alle zusammen ihr Räuberlager haben. Er, Bruno, Malte, Ella und Ida.

»Kikerikiii … Kikerikiii!« macht es erneut. Lennart grinst. Das ist nicht Lilly, das ist Rocco, der Hahn von Hannos Bauernhof. Samt Schlafsack (denn trotz Heizung ist es doch ziemlich kühl) robbt er zu dem runden Fenster. Mit dem Schlafanzugärmel wischt er ein Guckloch in die Eisblumen auf der Scheibe und späht hinaus.

»Alle Mann aufgewacht!«, ruft er, als wäre er auch ein Hahn.

»Männer und Frauen«, verbessert Ella ihn schläfrig. »Du lernst es wohl nie.«

Bruno wühlt sich aus seinem Schlafsack. »Räuber reden nun mal so«, brummt er.

»Leute, es gibt noch mehr Schnee!«, brüllt Lennart begeistert. »Wir sind fast eingeschneit.«

Was etwas übertrieben ist, aber spätestens jetzt sind alle hellwach und quetschen sich mit vors Fenster, um die weiße Pracht draußen zu bestaunen.

»Anziehen und ab in den Schnee!«, ruft Ida.

»Hat das nicht Zeit bis nach dem Frühstück?«, brummt Malte, der manchmal ein kleiner Morgenmuffel ist.

Doch eine Sekunde später klettern alle nacheinander die Klappleiter hinunter.

Aus der Küche hört man Oma mit Geschirr und Besteck klappern, während Lilly ohne Punkt und Komma plappert. Und wie üblich gibt es vor dem Badezimmer erst mal einen kleinen Stau. Kein Wunder bei fünf Kindern. Alles ist so vertraut, als wären sie erst vor Kurzem hier gewesen (und nicht erst im Sommer).

Im Erdgeschoss empfängt sie Oma. »Guten Morgen. Na, habt ihr was Schönes geträumt?«

»Uuh, ich hab's mir nicht gemerkt«, ärgert sich Lennart.

»Ich auch nicht«, beteuert Malte, weil er nicht vor allen sagen will, dass er von den Mühlengeistern geträumt hat.

Bruno winkt ab. »Ich glaub sowieso nicht, dass es funktioniert und die Träume wahr werden.«

»Es funktioniert eben doch«, beharrt Ella. »Ich hab von Schnee geträumt … und bitte schön, da ist er schon.«

Ida lächelt still. Sie hatte einen wunderbaren Traum von zwei fast erwachsenen Lämmern. Aber weil es sonst vielleicht nicht in Erfüllung geht, sagt sie lieber nichts. Manchmal soll man Wünsche ja nicht aussprechen.

Da öffnet sich die Tür zum Windfang. Draußen steht Opa mit einer Schneeschaufel. In seinem Bart glitzern kleine Eiskristalle.

»Na, da ist ja die Räuberbande«, sagt er. »Ich dachte schon, ich muss heut allein Frühstück holen, weil ihr solche Schlafmützen seid.«

In Rekordzeit haben alle ihre Winterjacken, Schneehosen, Mützen, Schals, Handschuhe und Stiefel an und stürmen nach draußen. Vor ihnen liegt der Garten unter einer frischen blendend weißen Schneedecke. Nur am Haus entlang hat Opa schon einen schmalen Weg geräumt und alles auf einen Haufen geschaufelt.

»Ist das schön«, seufzt Ida glücklich. Sie lässt sich mitten in den frischen Schnee auf den Rücken plumpsen und rudert mit Armen und Beinen.

Da sind Ella, Lilly, Lennart, Bruno und Malte sofort mit dabei und kurz darauf sieht es aus, als wären im Garten sechs Schneeengel gelandet. Fünf große und ein kleiner.

»Winter ist die schönste Jahreszeit«, schwärmt Ella. Sie streckt die Zunge heraus, um ein paar Flocken zu fangen, die vereinzelt vom Himmel trudeln.

»Aber im Sommer ist es warm und man kann barfuß laufen«,

meint Malte und wischt sich etwas kalten Schnee aus dem Kragen.

»Barfuß laufen kann man im Winter auch«, kichert Ida.

»Traust du dich nie!«, behauptet Lennart und guckt seine Schwester herausfordernd an.

»Pfff«, schnaubt Ida. »Ist doch nichts dabei.«

»Dann mach doch!«, fordert Lennart sie auf und die Jungs stoßen sich prustend an.

»Wenn ihr auch mitmacht«, springt Ella ihrer Freundin bei.

Lilly schüttelt alarmiert den Kopf. »Nicht, sonst werdet ihr krank und müsst die ganzen schönen Ferien im Bett bleiben.«

»Da sind die Kleinen vernünftiger als die Großen«, meint Oma. »Und wenn wir heute noch Frühstück wollen, solltet ihr jetzt mal los.«

Weil natürlich niemand die Ferien im Bett verbringen will, bleiben alle Stiefel an und sie stapfen los. Durch den neuen Schnee ist es heute noch mühsamer als gestern und Lilly darf gleich auf Opas Schultern sitzen.

Wieder folgen sie dem Schleichweg, doch diesmal biegen sie nicht in Hannos Hof ab, sondern gehen weiter ins Dorf. Zielstrebig steuert Opa auf eine Schreinerei am Ende der Hauptstraße zu, wie er es gestern Abend so geheimnisvoll angekündigt hat.

Sie stampfen sich den Schnee von den Stiefeln und betreten die Werkstatt. Ihnen tönt das schrille Geräusch einer Kreissäge entgegen, an der eine Frau mit Pferdeschwanz arbeitet. Als sie ihre Kunden entdeckt, schaltet sie die Maschine ab und setzt Gehörschutz und Schutzbrille ab.

»Morgen, Ludger«, sagt sie. Opa scheint in Sprembüttel wirklich jeden zu kennen. »Wen bringst du mir denn vorbei? Fleißige Hilfen kann ich in der Werkstatt immer brauchen.«

»Wir machen Winterferien hier und helfen Oma und Opa«, stellt Ella klar, damit sich die Frau nichts einbildet.

»Nee, Rahima, die Kinder kann ich nicht entbehren«, sagt auch Opa. »Ich hab hier eine Bestellung.« Er reicht ihr das Papier mit den Strichen und Zahlen von gestern Abend.

Rahima betrachtet das Blatt, nickt und sagt: »Liefere ich dir heut Nachmittag gegen vier.«

»Gut, danke«, erwidert Opa und hebt grüßend die Hand.

Da schrillt die Kreissäge schon wieder.

Draußen umringen alle Opa und wollen wissen, was er bestellt hat.

»Wartet nur ab«, sagt Opa grinsend, aber er scheint es selbst kaum erwarten zu können. »Das ist eine Überraschung.«

Dann geht's weiter zur Bäckerei. Als sie die Ladentür öffnen, umhüllt sie der Duft der leckersten Brötchen der Welt.

»Ja, ist das nicht der nette Besuch aus der Stadt?«, fragt die Bäckerin fröhlich, als sie an der Reihe sind. »Schön, dass ihr wieder da seid!«

»Jetzt kommen wir wieder jeden Tag zum Brötchenholen«, kündigt Lennart an.

»Euer Opa hat euch schon vermisst«, lacht die Bäckerin und packt Brötchen und Hörnchen in zwei große Papiertüten. »Nicht wahr, Ludger?«

»Verrat mich mal nicht«, sagt Opa zwinkernd und bezahlt.

Am Schluss schenkt die Bäckerin jedem noch ein Tütchen

mit Weihnachtsplätzchen. »Die kauft jetzt keiner mehr«, sagt sie, »aber sie schmecken immer noch wunderbar.«

Was wirklich nett von ihr ist, so haben sie gleich Proviant für den Schäferwagen und für ihr Räuberlager. Sie ziehen die Mützen über beide Ohren und verabschieden sich.

Zwei Häuser weiter biegen sie in einen Hinterhof. *Frederiks Ski- und Schlitten-Verleih* steht in dicken Buchstaben auf einem Schild. (Wenn man neugierig ist und die Rückseite anguckt, kann man dort *Frederiks Fahrrad-Verleih* lesen. Im Sommer dreht Frederik das Schild nämlich einfach um.)

»Was darf's denn sein?«, fragt Frederik, der gerade ein paar Skier mit Wachs einreibt. Gleich darauf erkennt er sie. »Ihr seid es! Hey, eine tolle Überraschung!«

»Wir wollen Schlitten und Skier leihen«, sagt Lennart vorlaut.

Ida guckt Opa unsicher an, weil so viele Skier und Schlitten bestimmt teuer sind.

»Ihr bekommt natürlich Mengenrabatt«, versichert Frederik. »Und einen Freundschaftspreis noch obendrauf.«

Ida grinst. Unglaublich, wie sich alle im Dorf freuen, sie wiederzusehen. Aber umgekehrt ist es genauso. Und das Beste ist, dass man vor lauter Wiedersehensfreude kein bisschen an Heimweh denken kann.

Es dauert etwas, bis Frederik für alle die passenden Skier, Skischuhe und Stöcke rausgesucht hat.

»Keine Sorge, das mit den Langlaufskiern habt ihr schnell raus«, ermutigt er sie.

Dann startet die vermutlich seltsamste Karawane, die man in Sprembüttel gesehen hat: Den Anfang machen Lennart und Bruno auf ihren Skiern, dahinter Ida, Ella und Malte, auch auf ihren Skiern. Das Schlusslicht bildet Opa, der einen Schlitten zieht, auf dem Lilly sitzt (sie wollte dann doch lieber keine Skier). Aber das ist noch nicht alles, denn an Lillys Schlitten ist ein zweiter Schlitten gebunden, als Anhänger. Darauf stapeln sich in Opas großem Rucksack fünf Paar Winterstiefel. Denn Ida, Ella, Lennart, Bruno und Malte haben ja jetzt Skischuhe an.

Diesmal dauert der Heimweg etwas länger als üblich. Weil die fünf Skifahrer erst mal auf ihren ungewohnten Gefährten herumeiern und alle paar Meter jemand in den Schnee plumpst.

»Ich breche mir noch den Po«, jammert Lennart, nachdem er sich zum zehnten Mal unfreiwillig in den Schnee gesetzt hat.

Aber nach ein paar Minuten klappt es bei allen schon richtig gut. Und am Ende schaffen sie es sogar, den winzigen Abhang zu Omas und Opas Haus hinunterzufahren. Vor der Tür schnallen sie die Skier ab und stecken sie hochkant in den Schnee.

Nach dem Frühstück heißt es Geduld haben. Was gar nicht so leicht ist, wenn man auf eine Überraschung wartet.

»Wie sollen wir das bis vier Uhr nur aushalten?«, stöhnt Lennart theaterreif.

Aber weil sie frisch ausgeliehene Skier vor der Tür haben (und die Zeit schneller vergeht, wenn man etwas unternimmt), marschieren sie kurz darauf warm eingepackt mit angeschnallten Skiern los. Kinderleicht geht es über den Schnee an den Obstbäumen und dem Schäferwagen vorbei und rechts den Teufelsbach entlang.

An der Bachbiegung bleiben sie ehrfürchtig stehen. Genau hier hat die große Schlacht vom Teufelsbach stattgefunden. Da hängt auch noch das dicke Seil von der alten Weide, die aussieht, als hätte sie ein weißes Winterfell bekommen.

Fast glauben sie, das Angriffsgeheul der Gepardenbande zu hören. Doch es kommt bloß von ein paar Kindern, die nicht weit entfernt Schlittenfahren.

»Wer als Letzter am Berg ist!«, grölt Lennart und stürmt los.

Als sie keuchend oben auf dem Hügel ankommen, sind dort lauter große Jungs mit ihren Bobs.

Malte bringt sich in Position, um loszufahren, und ruft: »Bahn frei, Kartoffelbrei!«

»Guck mal«, blökt einer der großen Jungs. »Der Kindergarten macht einen Ausflug.« Sofort erntete er von seinen Freunden Gelächter.

»Ich bin schon in der Zweiten«, widerspricht Malte.

Da lachen sie noch lauter. Danach drängeln sie sich jedes Mal vor, auch wenn eigentlich Lennart, Bruno, Malte, Ida oder Ella an der Reihe wären.

»Das macht keinen Spaß«, sagt Ella nach einer Weile. »Kommt, wir gehen wieder.«

Nach dem Mittagessen erlaubt Opa, dass alle an den Computer dürfen, um nach der dunkelsten Nacht des Jahres zu forschen. Doch im ganzen Internet ist nichts zu finden.

»Tja, dann schließ ich euch mal die Mühle auf«, sagt Opa. »Damit ihr nach dem Schatz der Mühlengeister suchen könnt.«

Nachdem er die schwere Tür geöffnet hat, hebt er mahnend den Zeigefinger. »Vorsichtig sein und keinen Blödsinn machen!«

Was sie hoch und heilig versprechen, bevor sie die Mühle bis in die letzten Winkel durchstöbern. Unter den Treppenstufen, hinter den Mühlsteinen und in allen Kästen und Truhen. Sie klopfen sogar den Fußboden nach einem Geheimversteck ab. Nichts – kein Schatz, keine Schatzkarte oder sonst eine Spur.

Oben unterm Dach brüllt Malte auf einmal: »Ich hab waaas!«

Er hockt vor dem Lastenaufzug und sein Arm ist zwischen

den Latten des Holzgatters verschwunden. Angestrengt tastet er im Aufzugsschacht herum, bis er triumphierend etwas herauszieht.

Aber leider keinen Schatz, sondern nur eine alte Bierflasche, die bestimmt nicht von den Mühlengeistern ist, sondern vom letzten Müller.

»Vielleicht ist in der Flasche eine Schatzkarte«, hakt Ida nach, weil sie die Hoffnung noch nicht aufgeben will. Sie öffnet den Bügelverschluss, doch mehr als alte Luft ist nicht in der Flasche.

Irgendwie ist die Zeit dann doch schnell vergangen. Pünktlich um vier rumpelt ein Lieferwagen vor die Mühle. Es ist Rahima aus der Schreinerei mit Opas Lieferung. Gemeinsam laden sie die Balken, Bretter, Latten und Leisten aus und schleppen sie zum Schuppen.

»Donnerwetter«, stöhnt Opa, als sie das gesamte Holz begutachten. »Da haben wir Arbeit vor uns.«

»Jetzt musst du aber endlich verraten, was das werden soll«, drängt Ida.

»Wir bauen den Schuppen ein Stückchen größer«, sagt Opa, als wäre es klar wie sonst was. »Die beiden brauchen doch ein ordentliches Zuhause, wenn sie bei uns einziehen.«

»Welche beiden?«, fragt Bruno nach. Weil er nicht glauben kann, was er denkt.

»Na, eure Lämmer«, lacht Opa. »Wer denn sonst?«

Da hält Lennart, Ida, Malte, Ella und Bruno nichts mehr und sie fallen Opa ausgelassen jubelnd um den Hals. Auch Lilly hüpft an Omas Hand wie ein Flummy herum. Ist das zu fassen? Opa holt Motzi und Blitz zu sich und fängt wieder mit der Schäferei an!

»Langsam«, japst Opa. »Ihr werft mich noch um und wir purzeln alle miteinander in den Schnee.«

Was zwar nicht passiert, aber für diese unglaubliche Neuigkeit absolut angemessen wäre.

»Warum … wieso … wann … wie denn?«, fragen alle wild durcheinander.

»Eigentlich habt ihr mich schon im Sommer überredet«, gibt Opa zu und rückt seine Brille wieder gerade. »Aber ich dachte, wir machen das lieber zusammen. Ich brauch doch eure Hilfe.«

Alle haben vor lauter Glück so irre Herzklopfen, wie sonst nur zu Weihnachten oder zu Geburtstagen. Vor allem Ida, die nicht glauben kann, dass ihr Traum von heute Nacht wirklich in Erfüllung geht.

Lilly nickt entschieden. »Und Motzi und Blitz gewöhnen sich auch viel leichter an ihr neues Zuhause, wenn wir uns alle um sie kümmern können.«

Abends auf dem Dachboden denkt natürlich keiner ans Schlafen. Ida, Ella, Malte, Bruno und Lennart reden noch endlos über Motzi und Blitz. Dabei essen sie Weihnachtsplätzchen (die wirklich wunderbar schmecken) und trinken Tee. Erst spät, als sogar Oma und Opa längst im Bett sind, schlafen sie ein. Ans Zähneputzen denkt an so einem Abend mal ausnahmsweise niemand.

Ein Ausreißer auf vier Pfoten

Am nächsten Morgen können es alle kaum erwarten, mit dem Schafstallbau loszulegen.

»Wer von euch hat die stärksten Muckis?«, fragt Opa.

Da fliegen natürlich Brunos und Lennarts Arme in die Höhe und deshalb dürfen sie auch gleich auf der überdachten Veranda vor dem Schuppen den Schnee wegschaufeln.

»Wir bauen hier ein Stück an den Stall an«, erklärt Opa seinen Plan. »Dann haben im Schuppen Omas Töpferwerkstatt und die Schafe Platz.«

»Alles klar, Chef!«, posaunt Malte, während er mit einem Akkuschrauber herumstolziert.

»Du kannst dich auf uns verlassen«, versichert Ida und schnappt sich ein paar von Opas Arbeitshandschuhen.

»Wir sind die besten Stallbauer«, schließt sich Bruno an.

Ella nickt. »Wir haben sogar schon mal ein Hotel gebaut.«

»Ja, mit ungefähr zwanzig Zimmern«, bestätigt Ida grinsend, weil sie weiß, was Ella meint.

Als Opa und die Jungs misstrauisch gucken, können sich Ella und Ida nicht mehr zurückhalten.

»… unser Insektenhotel!«, prustet Ida los. »Wisst ihr noch?«

Da nicken die Jungs und ärgern sich, dass sie nicht gleich drauf gekommen sind.

»Wir müssen euer Insektenhotel von Weihnachten auch noch aufhängen«, erinnert Ella.

»Na, wenn ich solche Profis wie euch habe, kann ja nix schiefgehen«, lobt Opa.

Dann gibt er Anweisungen: Wo sie Latten festhalten und wo sie schrauben sollen, wo gehämmert werden muss und welche Stellen eine Winkelverbindung brauchen.

»Und was hab ich zu tun?«, schmollt Lilly und zieht die Unterlippe vor.

»Du hast die wichtigste Arbeit«, sagt Oma und zwinkert ihr zu. »Du hilfst mir in der Töpferwerkstatt.«

Sofort leuchten Lillys Augen. »Aber frieren wir dort nicht?«, fragt sie dann doch besorgt. »Wir haben doch kein dickes Fell wie Motzi und Blitz.«

»Iwo«, beruhigt Oma sie. »Im Winter stell ich einen kleinen Heizlüfter in die Werkstatt. Die Sauerei kommt mir nämlich nicht in die Wohnung.«

Lilly grinst, denn sie weiß, dass Oma mit *Sauerei* den Ton meint.

»Komm«, sagt Oma. »Wir müssen einen Schwung Glücksbringer für Neujahr glasieren. Die verkaufen wir den Touristen morgen auf dem Mühlenmarkt.«

»Morgen schon? Da hast du aber Riesenglück, dass du mich als Helferin hast«, bestätigt Lilly, während beide in den Schuppen verschwinden.

Die Bauarbeiten für den Schafstall sind in vollem Gang. Über den Mühlenhof schallt eifriges Hämmern, Feilen, Bohren und Sägen, dass man schon von Weitem hört, wie fleißig alle sind.

Als Oma und Lilly mittags mit einem Tablett voller Käsebrote mit Gürkchen und zwei Kannen Hagebuttentee vorbeikommen, staunen sie nicht schlecht: Es steht tatsächlich schon die erste Wand. Sogar mit Fenster, es fehlt nur noch die Scheibe.

»Motzi und Blitz brauchen Tageslicht und frische Luft im Stall«, erklärt Malte wie ein Fachmann. Was stimmt, auch wenn die beiden Lämmer natürlich die meiste Zeit unter den Obstbäumen herumspringen werden.

»Also ich brauch jetzt endlich Räuberpicknick«, verkündet Bruno mit einem Blick auf Omas Tablett. »Arbeiten macht sooo hungrig.«

Begeistert greifen alle zu, weil Räuberpicknick im Freien bei so einem strahlend schönen Wintertag einfach die perfekte Idee ist.

»Käsebrot mit Gürkchen ist das Leckerste«, kommt es aus Lillys vollem Mund.

Wo ihr alle anderen mit lautem Schmatzen zustimmen. Ida nimmt sich sogar noch mal nach, obwohl sie Gürkchen zu Hause im Holunderweg nicht anrührt. Aber bei Oma und Opa Sprembüttel schmeckt einfach alles viel besser.

Als alle satt sind, klopft sich Opa den Bauch und verkündet, dass er jetzt erst mal ein Stündchen an seinem Kissen lauschen wird.

»Waaas?«, hält ihn Malte zurück, nachdem er kapiert hat, was Opa meint. »Wir können doch jetzt keinen Mittagsschlaf machen!«

»Genau«, springt ihm Ida bei. »Je schneller der Stall fertig ist, umso früher können Motzi und Blitz einziehen.«

»Tja, mein Lieber«, sagt Oma schmunzelnd zu Opa. »Da haben die Kinder wohl recht.«

Winkend verzieht sie sich mit Lilly wieder in die Töpferwerkstatt.

»Volle Kraft voraus!«, schmettert Bruno, schnappt sich eine Latte und stemmt sie zusammen mit Ella in die Höhe. »Wo muss die Latte hin?«

Doch Opa ist abgelenkt. Kopfschüttelnd steht er vor dem gesammelten Baumaterial. Er hebt ein Brett hoch, stellt zwei andere um, zählt etwas, guckt auf seinen Plan, zählt noch mal.

»Was ist denn?«, fragt Ella. Sie gibt Bruno ein Zeichen, die

Latte wieder runterzunehmen, weil ihnen schon fast die Arme abfallen.

»Die Holzleisten für den Fensterrahmen fehlen«, murmelt Opa. »Wo hab ich Dussel die denn hingeräumt?«

Zusammen suchen sie im Schuppen, überall drum herum und sogar am Parkplatz, wo sie die Leisten gestern abgeladen haben. Doch nichts.

»Diebe!«, posaunt Lennart großspurig.

Opa schüttelt den Kopf. »Nee, nee. Bei uns im Dorf macht so was keiner«, versichert er. »Bestimmt war ich nur zu schusselig und hab sie gar nicht bestellt.«

Wroooar … wauuu … wauuu!, ertönt es in diesem Moment von der Obstwiese. Gleich neben dem Schäferwagen bellt ein schwarz-weißer Hund empört einer Krähe hinterher, die sich mit ein paar Flügelschlägen vor ihm davongemacht hat.

Als der Hund jedoch Bruno, Lennart, Malte, Ida, Ella und Opa bemerkt, hat er die Krähe im Nu vergessen und beäugt die sechs neugierig.

»Wem gehört der denn?«, fragt Bruno.

Opa zuckt mit den Schultern. »Hab ihn im Dorf noch nie gesehen. Vielleicht einem Touristen?«

Doch rundherum ist niemand zu sehen.

Angelockt von dem Gebell, tauchen nun auch Lilly und Oma aus dem Töpferschuppen auf.

Lilly ist sich ganz sicher: »Das ist der arme hungrige Hund, von dem wir die Spuren im Schnee gesehen haben!«

Ella bückt sich und streckt die Hand aus. »Trau dich ruhig«, lockt sie ihn sanft. »Wir tun dir nix.«

Tatsächlich kommt der Hund vorsichtig näher, schnuppert an Ellas Hand und wedelt mit dem Schwanz.

»Na, du kleiner Racker«, meint Opa. »Wo gehörst du denn hin?«

»Er heißt Racker?«, fragt Lilly begeistert. »So ein schöner Name.«

»Nicht doch. Racker ist kein Name«, erklärt Oma. »So nennt man einen Schlingel, jemanden, der es faustdick hinter den Ohren hat.«

Ob er es wirklich faustdick hinter den Ohren hat, lässt sich so schnell nicht sagen. Auf alle Fälle mag er gern hinter den Ohren gekrault werden.

»Ich nenne ihn trotzdem Racker«, stellt Lennart klar.

»Glaubt ihr … er hat kein Zuhause?«, fragt Ida. Sie schluckt, weil es das Traurigste ist, das sie sich vorstellen kann.

»Dann hätte er kein Halsband um«, meint Bruno. »Vielleicht ist er seinem Menschen weggelaufen?«

Nur leider ist am Halsband keine Marke mit einer Telefonnummer zu sehen.

»Er könnte jemandem vom Campingplatz gehören«, überlegt Lennart. »Ich kann dort nachfragen.« Was er zuallererst natürlich wegen Racker will, aber nebenbei könnte er auch nach Emilia Ausschau halten.

»Wir müssen ihn über Nacht mit ins Haus nehmen«, bestimmt Ida. »Hier draußen ist es viel zu kalt.«

»Bestimmt sucht ihn schon jemand«, gibt Oma zu bedenken. »Wenn er bei uns im Haus ist, findet ihn keiner.«

»Ich frag Laura, unsere Tierärztin«, erklärt Opa. »Vielleicht weiß sie, wem er gehört.«

»Und wir hängen eine Gefunden-Meldung in der Bäckerei auf«, sagt Bruno. »Dort geht jeder vorbei.«

»Wenn sich keiner meldet, können wir ihn doch behalten, oder?«, fragt Ida leise. »Ich wollte schon immer einen Hund.« Prompt bekommt sie ein echt feuchtes Küsschen von Racker.

Oma schlägt lachend die Hände über dem Kopf zusammen. »Herrje, erst Schafe, dann ein Hund«, zählt sie auf. »Wenn es so weitergeht, haben wir bald einen ganzen Bauernhof hier.«

Weil man einen Hund, der einem zugelaufen ist, natürlich nicht einfach einpacken und in eine Praxis bringen kann, ruft Opa bei der Tierärztin an. Erwartungsvoll gucken ihn alle an, nachdem er aufgelegt hat.

Opa zuckt mit den Schultern. »Laura weiß niemanden, der seinen Hund vermisst«, berichtet er. »Sie kommt nach ihrer Sprechstunde vorbei. Wenn der kleine Racker einen Chip hat, kann sie den Besitzer ausfindig machen.«

»Hunde haben einen Chip wie ein Computer?«, fragt Ida erstaunt. Aber woher soll sie das auch wissen, wenn Mama und Papa keinen Hund erlauben.

»Wo steckt man bei Racker das Kabel an?«, albert Bruno herum. Doch gerade findet das niemand lustig.

Eine Weile stehen sie ratlos herum. Bis Ella meint, dass

Racker vielleicht Hunger hat, und Oma ein Schälchen mit klein geschnittenen Wiener Würstchen holt. So schnell kann keiner gucken, wie Racker alles verputzt. Aber ein Hund, der keine Würstchen mag, muss vermutlich erst geboren werden.

Danach machen sie sich wieder an die Bauarbeiten – so gut es geht, wenn ein aufgedrehter Hund um einen herumspringt. Klar, dass Lilly bei so einer Sensation nicht einfach wieder in die Töpferwerkstatt gehen kann. Unermüdlich wirft sie Racker Schneebälle zu, die er in der Luft zu fangen versucht.

Viertel nach vier parkt endlich die Tierärztin vor der Mühle.

»Da haben wir ja den kleinen Ausreißer«, sagt sie, nachdem sie alle begrüßt hat. Sie geht in die Hocke, damit Racker sie beschnuppern kann. »Du bist ja ein Feiner«, lobt sie ihn.

Als er sich nah genug herantraut, fasst sie ihn ruhig am Halsband und untersucht ihn. »Er ist gesund!«, verkündet sie. Dann holt sie ein kleines Gerät aus ihrer Tasche und hält es vor Rackers Brust.

»Hm, er hat leider keinen Chip, sonst hätte ich in der Datenbank nachsehen können, wem er gehört.« Sie gibt Racker ein Leckerli zur Belohnung und lässt ihn wieder springen.

»Und was passiert jetzt mit ihm?«, fragt Opa.

»Ich informiere die Tierärzte und Tierheime in der Umgebung«, verspricht Laura. »Wir müssen warten, bis sich sein Besitzer meldet.«

»WIR passen solange auf ihn auf!«, kommt es sofort von Lennart. »Nicht wahr, Omilein?«, probiert er es mit Lillys Um-den-Finger-wickel-Methode.

Oma runzelt die Stirn.

»Ja, das wäre gut«, sagt die Tierärztin. »Meine Pflegeplätze sind grad alle mit Urlaubshunden belegt. Sonst nimmt ihn sicher das Tierheim.«

»Doch nicht ins Tierheim!«, widerspricht Ida aufgebracht. »Dort kennt er ja niemanden.«

»Und hier hat er schon acht Freunde«, erklärt Lilly.

Wer hätte gedacht, dass sie schon so weit zählen kann.

Laura lächelt. »Was ist, Ludger, Vera? Könnt ihr ihn irgendwo unterbringen, wo er die Möglichkeit hat, bei euch zu bleiben oder auch heimzulaufen, wenn er mag?«

»Er kann in unseren Schäferwagen!«, bietet Malte an. »Und wir lassen die Tür einen Spalt offen.«

»Ja, dann hört er auch seine Leute, falls sie ihn suchen«, bestätigt Ella wild nickend, weil das wirklich eine gute Idee ist. »Und er ist vor Schnee und Kälte geschützt.«

Auch Oma und Opa nicken, nur nicht ganz so wild.

»Ein paar Tage wird es schon gehen«, meint Oma. »Aber eigentlich wollten wir die Schafe …«

»Perfekt«, freut sich Laura und drückt Oma drei Päckchen Hundefutter in die Hand. »Das wird fürs Erste reichen. Ruft mich, wenn ihr Hilfe braucht.« Dann steigt sie unter Rackers freudigem Gebell ins Auto und düst vom Hof.

Opa kramt eine große weiche Decke aus dem Schuppen. »Dann machen wir dem kleinen Racker mal ein gemütliches Lager im Schäferwagen.«

»Und du musst den Bollerofen anmachen, Opilein«, bestimmt Lilly.

Als wüsste Racker genau, dass es um ihn geht, folgt er dem Trupp in den Schäferwagen. Dort legen sie die Polster der Sitzbänke auf den Boden und die Decke gemütlich obendrauf.

»Racker bekommt ein Matratzenlager wie wir«, kichert Ida. »Nur für Hunde.«

Dann beobachten alle gebannt, wie Opa den Bollerofen in Gang bringt, denn im Holunderweg haben sie ja nur Heizungen, die man einfach aufdreht.

»Zuerst alle Luftklappen auf«, murmelt Opa vor sich hin. Dann legt er etwas Holzwolle in den Ofen, darüber stellt er Anmachholz wie ein Zelt, und ganz obendrauf legt er ein großes Stück Holz. Mit einem langen Feuerzeug darf Ella dann die Holzwolle anzünden.

»Aber verbrennt euch nicht, der Ofen wird ordentlich heiß«, warnt Opa. »Lasst das Fenster immer einen Spalt auf. Und dass mir keiner am Ofen rumspielt, wenn ich nicht da bin. Verstanden?«

»Wird gemacht«, verspricht Malte und wie bei einem Schwur heben alle feierlich drei Finger in die Höhe.

Opa nickt zufrieden. »Dann will ich euch mal allein lassen, in eurem Bandenquartier«, sagt er und ist schon zur Tür hinaus.

Ella winkt alle um den kleinen Tisch. »Lagebesprechung«, raunt sie. »Holunderbande, wir haben zwei Geheimnisse aufzuklären. Erstens: Wem gehört Racker?«

»Und zweitens«, ergänzt Lennart. »Wer hat sich an Opas Holz bedient?«

»Wir müssen ermitteln«, sagt Bruno mit leuchtenden Augen. »Wie Detektive.«

Alle sind sofort Feuer und Flamme.

»Wir schauen uns im Dorf um«, schlägt Ella vor.

»Wir suchen nach Spuren«, kommt es von Ida.

»Wir legen uns auf die Lauer!«, verkündet Malte. »Jeder Täter kommt an den Tatort zurück.«

Da spüren alle das Kribbeln, mit dem sich große Abenteuer ankündigen. Vielleicht ist es auch Gänsehaut, wegen dem, was Malte gesagt hat. Aber zum Glück haben sie ja jetzt Racker, der sie beschützt.

Bloß Racker scheint für heute genug Abenteuer gehabt zu haben. Er liegt auf seinem Deckenlager, dicht an Lilly gekuschelt und schnarcht zufrieden.

»Ich schlafe auch im Schäferwagen«, sagt Lilly. »Bei Racker.«

»Auf keinen Fall«, ertönt Omas Stimme. Sie ist gekommen, um die Kinder zum Abendessen zu holen.

Als Oma mit Lilly an der Hand außer Hörweite ist, flüstert Ella: »Wir halten Nachtwache bei Racker und wechseln uns alle zwei Stunden ab.«

Die anderen nicken ihr verschwörerisch zu.

Doch als sie nach dem Abendessen einen Napf voll Futter zum Schäferwagen bringen, ist Racker fort.

»Vielleicht musste er mal«, überlegt Malte.

Aber auch draußen ist er nirgends zu finden.

»Racker!«, rufen sie abwechselnd in die Dunkelheit. »Raaacker!«

Ida nimmt tröstend Lillys Hand. Sie ist ja erst vier und Mama ist auch nicht da. »Bestimmt hat er wieder nach Hause gefunden«, beruhigt Ida sie (und ein bisschen auch sich selbst).

»Hunde finden über viele Kilometer wieder heim«, bestätigt Malte. Doch im nächsten Moment hätte er sich am liebsten auf die Zunge gebissen. Denn so schön ist die Vorstellung nicht, dass Racker so weit allein durch den Schnee läuft.

»Boah, da sind seine Leute jetzt froh«, versucht Lennart abzulenken.

»Und Racker vor allem«, betont Ella.

»Es ist ja bloß wegen Motzi und Blitz«, meint Lilly tapfer. »Er hätte gut auf sie aufpassen können.«

Weil Oma und Opa wissen, was Kinder in so einem Moment brauchen, feuert Opa den Kamin im Wohnzimmer an, Oma brät Maroni und sie spielen zusammen eins von Mamas alten Spielen.

Bis zum Schlafengehen schauen sie noch mindestens fünfmal nach, ob Racker zurückgekommen ist. Doch wie es scheint, ist er wirklich heimgelaufen. Später auf dem Dachboden dauert es eine ganze Weile, bis Ruhe einkehrt.

Mühlenmarkt – oder: Wie sieht eigentlich ein Dieb aus?

Am nächsten Morgen flitzen Ida, Ella, Malte, Bruno, Lennart und Lilly als Allererstes zum Schäferwagen. Doch Rackers Deckenlager ist unberührt. Beim Frühstückholen im Dorf wollen sie sich nach einem entlaufenen Hund umhören – und ob noch woanders Sachen gestohlen wurden.

»Denkt dran: unauffällig«, mahnt Ella. »Wenn die merken, dass wir hinter einem echten Dieb her sind, laufen sie sofort zu Oma und Opa und petzen.«

Das leuchtet allen ein. Erwachsene machen sich immer viel zu viel Sorgen.

Als Erstes reden sie mit Hanno, während sie so tun als würden sie nur nach Motzi und Blitz sehen. Dann fragen sie die Bäckerin, die von ihren Kunden bestimmt viel Neues erfährt. Sie reden mit Frederik, der vermutlich alles mitbekommt, was auf der Straße los ist. Zum Schluss erkundigen sie sich bei Rahima, denn wenn der Dieb auf Holz aus ist, hat er bei ihr die volle Auswahl.

Doch überall bekommen sie dieselbe Antwort: »Ach was, bei

uns im Dorf kommt nie was weg« oder »Hier kann man nachts Türen und Fenster offen lassen«.

Nach dem Frühstück fragt Oma: »Was haltet ihr davon, wenn wir vor unserer Arbeit auf dem Froschweiher Eislaufen gehen?«

»Aber beim Schafstall fehlt noch eine Wand«, erwidert Ida.

»Wir müssen doch alles für den Mühlenmarkt vorbereiten«, erinnert Lilly.

Außerdem wollen sie weiter nach dem Holzdieb suchen, was sie Oma und Opa natürlich nicht auf die Nase binden.

»Ihr könnt doch nicht immer arbeiten«, wehrt Opa ab. »Ihr habt schließlich Ferien.«

Dagegen kann man nichts sagen und so ziehen sie kurz darauf mit Langlaufskiern und Schlitten los. (Einen Napf mit Hundefutter haben sie trotzdem in den Schäferwagen gestellt. Man weiß ja nie.)

Der Weg führt den Schleichweg entlang, über den Teufelsbach und um den Campingplatz herum, wo der Froschweiher umrahmt von Schilf in einem kleinen Wäldchen liegt. Auf dem Eis tummeln sich Leute mit Schlittschuhen. Manche spielen auch Eishockey, schießen mit Eisstöcken oder ziehen einen Schlitten hinter sich her.

Am Ufer liegen Baumstämme zum Hinsetzen, während man seine Schlittschuhe an- und auszieht. Drum herum stehen aufgereiht jede Menge Stiefel.

Ida grinst. »Als ob Nikolaus wäre.«

Lilly seufzt. »Das wäre schön, wenn nachher in meinem Stiefel eine Überraschung steckt.« Doch dann zieht sie eine Schnute, weil ihr einfällt, dass das gar nicht geht. Oma hat ihr ja Mamas alte Rutscherle (wie Oma sie nennt) mit den zwei Kufen direkt über ihre Stiefel geschnallt.

»Damit hat schon deine Mama Eislaufen gelernt«, sagt Oma. Dann nehmen Oma und Opa Lilly zwischen sich an den Händen und es geht mit lautem Hallo los.

»Wollen wir Fünferkette fahren?«, fragt Ella, weil sie das zu Hause auf dem Stadtweiher auch immer machen.

Ida, Bruno und Malte sind sofort mit dabei, nur Lennart macht ein Gesicht, als hätte ihn der Blitz getroffen.

Ein Stück entfernt hat Lennart nämlich ein Mädchen mit roter Pudelmütze und rotem Mantel entdeckt. Sie gleitet auf ihren Schlittschuhen wie eine Eisprinzessin dahin. Sein Herz beginnt wild zu klopfen. Es ist Emilia von den Geparden, ganz bestimmt! Er muss zu ihr. »Warte!«, hört er Bruno hinter sich rufen, doch Lennart kann nicht warten und düst los.

Fieberhaft überlegt er, was er sagen soll, wenn er gleich vor ihr steht. Schön, dich zu sehen? Nein, voll peinlich. Dass er schon dauernd nach ihr Ausschau hält? Noch schlimmer. Am besten tut er so, als ob er sie nicht sieht, dann muss sie zuerst was sagen. Ja, das ist perfekt. Schließlich läuft er doch keinen Mädchen hinterher. Wie uncool wäre das denn!

Weil Lennart extra nicht in ihre Richtung guckt, merkt er leider viel zu spät, dass sie direkt auf ihn zukommt. Mit einem *Rums* knallt er gegen sie und beide landen auf dem Hintern.

»Pass doch auf!«, pflaumt ihn das Mädchen an und rappelt sich wieder auf.

»Aber ich …« Lennarts Gesicht glüht. So eine dumme Kuh. Nein, das war nicht Emilia. Die ist nämlich tausendmal netter. Und da hilft ihm auch schon Bruno auf und sie fahren mit Malte, Ida und Ella Fünferkette.

Als eine Familie mit einem Schlittenhund aufs Eis kommt, müssen sie an Racker denken. Ganz bestimmt geht es ihm gut.

Auf einmal kräht Lillys Stimme hinter ihnen: »Guck mal, was ich kann!« Strahlend rauscht sie ihnen auf ihren Rutscherle entgegen und direkt in Lennarts Arme.

»Du bist schon richtig groß«, lobt Ida stolz. »Was glaubst du, wie Mama und Papa staunen?«

Aber weil schöne Unternehmungen meistens länger dauern, als man denkt, erschrickt Oma plötzlich. »Herrje, wo ist denn die Zeit geblieben?«, durchfährt es sie nach einem Blick auf die Uhr. »In zwei Stunden fängt der Mühlenmarkt an.«

Wieder zurück auf dem Mühlenhof helfen alle zusammen. Ella und Lennart räumen mit Opa Schnee vom Parkplatz und streuen Kieselsteine. Schließlich sollen die Besucher des Mühlenmarkts nicht mit den Autos im Schnee rutschen.

In der Mühle sortiert Oma währenddessen getöpferte Vasen, Blumentöpfe, Schüsseln und Becher in das Regal ein und klebt Preisschilder auf. Ida und Bruno bauen den Verkaufstisch mit der Kasse auf.

»Haben wir genug Wechselgeld?«, erkundigt sich Oma.

»Genug«, sagt Ida. Ihr wird ein bisschen flau bei dem Gedanken, dass sie gleich jedes Mal in Windeseile ausrechnen muss, wie viel die Käufer zurückbekommen.

Lilly und Malte legen die Glücksbringer fürs neue Jahr vorsichtig auf ein Samtdeckchen auf den Verkaufstisch. »Damit sie keiner übersieht«, erklärt Lilly.

Dann bringt Oma noch zwei große Thermoskannen mit

Punsch zum Aufwärmen und ein Tablett mit getöpferten Tassen. Bruno nickt zufrieden, dass Oma keine Wegwerfbecher hat. Schließlich weiß jeder, dass die schlecht für die Umwelt sind.

Jetzt bleibt nur noch Zeit für ein schnelles Mittagessen, dann treffen schon die ersten Besucher ein.

»Haltet die Augen offen«, flüstert Lennart Malte, Bruno, Ida und Ella zu. »Vielleicht ist der Holzdieb unter ihnen.«

Und Malte bestätigt: »Der Täter kommt immer an den Tatort zurück.«

Rasch ist die Mühle voller Leute, die sich schwatzend umsehen. »Ach, wie hübsch«, staunen sie. »Aus welchem Jahrhundert ist das Gebäude … ist das handgetöpfert … bitte zwei Tassen Punsch … gibt's auch Ansichtskarten?«

Ida und Bruno kassieren das Eintrittsgeld und bedienen die Besucher. Ella, Malte und Lennart geben so gut wie möglich Auskunft. Nebenbei beobachten sie die Leute.

»Woran erkennt man denn einen Dieb?«, flüstert Ida ratlos.

Ist es der Mann, der seine Mütze tief ins Gesicht gezogen hat? Oder die Frau mit dem großen Rucksack? Oder das Liebespaar, das sich alle paar Minuten küsst?

»Diebe schleichen herum und spionieren alles aus«, weiß Bruno. »Diebe tun so unauffällig, dass es schon auffällig ist«, erklärt Ella.

Ida seufzt. Irgendwie kämen alle oder keiner infrage.

Um vierzehn Uhr sind Lennart, Ella und Malte mit der Mühlenführung dran.

»Zur Mühlenbesichtigung bitte hier entlang«, tönt Ella wie

eine echte Museumsführerin und Malte kontrolliert die Eintrittskarten. Über eine schmale knarzende Holztreppe führen sie die Besucher vom Mehlboden in das nächste Geschoss hinauf.

»Bitte Kopf einziehen!«, warnt Lennart die Leute höflich, wie sie es im Sommer von Opa gelernt haben. »Achten Sie auf die hölzernen Balken, Zahnräder und Seile.«

»Hier funktioniert alles ohne Strom«, erklärt Malte. »Sogar der Lastenaufzug für die Mehlsäcke.«

Mit großem *Ah* und *Oh* gucken sich die Besucher staunend um.

Dann ist Ella wieder dran. »Zuerst dreht der Wind draußen die großen Mühlenflügel«, erklärt sie. »Die treiben über die Flügelwelle und die Königswelle das Stirnrad und das Spinderad an.« Sie zeigt auf verschiedene Holzteile oben im dämmrigen Dachgeschoss. »Dadurch dreht sich der Mahlstein und mahlt das Getreide zu Mehl.«

Den riesigen steinernen Mahlstein finden die Leute immer am spannendsten.

»Darf ich den mal heben?«, witzelt ein Mann und zeigt seine Muckis.

Das ist Lennarts Stichwort. »Man sagt, dass die Mühlengeister in der dunkelsten Nacht des Jahres hier Korn zu Gold mahlen«, erzählt er mit einer unheimlichen Grabesstimme, dass alle Gänsehaut bekommen. »Doch niemand hat sie bisher gesehen …«

»Cool, Gold«, sagt der Muckimann und gibt es auf, den Mühlstein zu heben. »Habt ihr keine Alarmanlage oder Kameras? … ich meine, wenn es hier vielleicht Gold gibt.«

Lennart schüttelt den Kopf, irgendwie ist der Typ komisch.

»Wann ist die dunkelste Nacht des Jahres?«, fragt der Mann weiter.

Was nun echt peinlich ist. Als Mühlenführer sollten sie das wissen, aber wenn es nicht mal das Internet weiß.

»Übermorgen«, platzt Malte heraus. Das stimmt zwar vielleicht nicht, aber nun gibt der Mann endlich Ruhe.

»Vielen Dank für Ihren Besuch«, beendet Lennart die Führung. »Andenken können Sie unten im Eingangsbereich kaufen.«

Nach einem dicken Applaus für die drei Mühlenführer und sogar etwas Trinkgeld, steigen sie alle wieder die schmale Holztreppe hinunter.

Bruno und Ida kommen fast nicht nach mit Kassieren, Geldrausgeben und Einpacken, so beliebt sind Omas getöpferte Sachen. Die Glücksbringer sind der Renner, Oma muss sogar zweimal zum Schuppen und Nachschub holen. Zur Sicherheit haben Bruno, Ida und Ella ein paar Glücksbringer unterm Ladentisch zurückgelegt, die sie ihren Eltern zum neuen Jahr schenken wollen.

Nur der Muckimann kauft nichts, sondern quetscht Opa über

die Mühle aus. Um fünfzehn Uhr gibt es noch eine zweite Mühlenführung und um sechzehn Uhr fährt das letzte Auto vom Parkplatz.

Als Ida, Ella und Bruno ihre zurückgelegten Glücksbringer bezahlen wollen, winkt Oma ab. »Die bekommen meine Verkaufsprofis umsonst«, sagt sie. »Ihr habt heute so fleißig gearbeitet.«

»Und jetzt bauen wir gleich weiter am Schafstall!«, tönt Lennart. Dann wird er rot, weil Oma vielleicht denkt, er will noch mehr geschenkt bekommen. »Also ich meine, das ist ja keine Arbeit, sondern macht Spaß«, sagt er deshalb schnell.

Oma zeigt auf die benutzten Punschtassen. »Dann macht dir der Abwasch vielleicht auch Spaß?«, zieht sie ihn auf.

»Ich kann dir helfen, Omilein«, flötet Lilly.

Und Lennart trollt sich schnell mit Opa und den anderen zum Schuppen.

Vor dem Baumaterial stutzt Opa. »Da fehlen doch schon wieder ein paar Hölzer …«, murmelt er.

Lennart, Bruno, Malte, Ella und Ida wissen Bescheid.

»Der Muckimann«, haucht Malte.

»Genau«, stimmt Lennart zu. »Warum sonst hat er sich so dafür interessiert, ob wir Kameras und eine Alarmanlage haben?«

»Ich fürchte, er hat ein Alibi«, meint Opa zwinkernd. »Euer Muckimann war die ganze Zeit bei mir und hat mir Löcher in den Bauch gefragt.«

»Ein Ablenkungsmanöver«, erklärt Ella und Ida ergänzt strahlend: »… und sein Komplize hat solange das Holz geklaut.«

Opa schüttelt den Kopf. »Was will denn jemand mit so ein paar Holzstücken? Die sind grad mal zehn Euro wert.«

»Habt ihr Feinde?«, fragt Bruno ernst.

»Jetzt übertreibt ihr aber«, wehrt Opa ab. »Wir sind doch nicht im Krimi.«

In diesem Augenblick ertönt vom Schäferwagen ein ausgelassenes *Wroooar … wauuu … wauuu!*

»Racker!«, rufen alle, denn sein Bellen ist unverkennbar.

Munter springt der schwarz-weiße Hund auf sie zu und da kommt auch schon Lilly aus dem Haus gelaufen.

»Racker, wo warst du denn?«, fragt sie freudestrahlend und drückt ihn an sich.

Natürlich antwortet er nicht, aber er wirkt nicht, als hätte er die Nacht in Eis und Schnee verbracht. Sie füllen Rackers Napf mit frischem Futter und stellen auch ein Wasserschälchen dazu. Doch statt sich daraufzustürzen, legt sich Racker mitten in den fast fertigen Schafstall (als wäre er die Bauaufsicht) und lässt sich genüsslich von Lilly kraulen.

»Dann werkeln wir mal weiter, solange es noch hell ist«, treibt Opa die Kinder an. »Damit Motzi und Blitz einziehen können, wenn ihr noch hier seid.«

Sie kommen gut voran, nur manchmal müssen sie ein bisschen tricksen. Dort, wo die geklauten Holzstücke eigentlich hinsollten. Racker macht das Hämmern und Klopfen nicht das Geringste aus.

»So ein mutiger Hund«, lobt Lilly.

Als es schon ziemlich dämmrig ist, verkündet Opa: »Feierabend! Man sieht ja kaum noch, ob man auf den Nagel oder auf seinen Daumen hämmert.«

»Was ist mit Stirnlampen?«, widerspricht Lennart und will sich schon auf den Weg zu seinem Wildnis-Rucksack machen.

Da steht Racker auf, streckt sich, wufft einmal kurz und schlüpft durch die Lücke in der Stallwand hinaus.

»Racker!«, ruft Lilly. »Bleib hier.«

Doch Racker scheint genau zu wissen, wohin er will. Verwundert schauen sie ihm nach, wie er zwischen den Obstbäumen am Schäferwagen vorbei und dann rechts den Teufelsbach entlang läuft und in der Dämmerung verschwindet.

»Wo will er denn hin?«, fragt Lennart.

Opa zuckt mit den Schultern. »Dort is nix, nur noch Thaddäus' Hof«, sagt er, als wäre es das Ende der Welt.

»Wer ist Thaddäus?«, fragt Ella neugierig.

Opa winkt ab und schaut mit einem Mal ziemlich finster drein. »Hab ihn ewig nicht mehr getroffen«, brummt er und stapft zurück in den Schuppen.

Kurz darauf hört man es kräftig hämmern.

Abends rufen sie im Holunderweg an. Lilly will unbedingt von Racker erzählen und wie toll sie mit Mamas Rutscherle eislaufen kann. Bruno sagt seiner Mama, wie schön es ist, dass er mit nach Sprembüttel fahren durfte. Malte schreibt lieber eine Nachricht mit Ellas Handy. Weil er dann vielleicht doch Heimweh bekommt, wenn er Mamas oder Papas Stimme hört.

Überraschungsangriff und ein guter Köder

Am nächsten Vormittag ackern Lennart, Malte, Bruno, Ella, Ida und Opa auf Hochtouren am Stall. Es ist Endspurt, denn morgen findet der große Umzug statt.

Mittags besuchen sie Motzi und Blitz wieder, damit sich die beiden Lämmer an sie gewöhnen.

»Ihr bekommt den besten Stall«, verspricht Ida, während Motzi und Blitz die Streicheleinheiten von allen genießen.

»Also, wie hier«, ergänzt Malte. Damit Hanno nicht traurig ist, weil es bei ihm ja auch schön ist.

»Das will ich hoffen«, lacht Hanno.

»Das will ich meinen«, lacht auch Opa.

Da kommt aus den Mäulern von Motzi und Blitz ein freudiges *Määäh!,* als wüssten sie genau, dass es um sie geht.

Nachmittags beginnt es zu schneien und dicke Flocken fallen vom Himmel.

»Höchste Zeit, dass der Stall fertig wird«, brummt Opa. »Ich such mich noch dumm und dusslig nach dem Holz.«

»Fehlt schon wieder was?«, fragt Ida. Ihr wird langsam mulmig.

»Das ist schon das dritte Mal«, rechnet Ella nach.

»Der Dieb hat's echt drauf«, sagt Bruno anerkennend

»Ach was, Dieb«, wehrt Opa ab. »Das ist höchstens ein Streich.« Er kratzt sich den Bart. »Seltsam bloß, dass immer nur kurze Holzleisten weg sind.«

Lennart beobachtet Opa, der das restliche Holz durchsucht. Kurze Holzleisten kann man ja auch leicht übersehen. Vielleicht braucht Opa eine neue Brille? Aber sie finden das fehlende Holz ja auch nicht, obwohl sie gute Augen haben. Lennart seufzt. Wenn nur die Gepardenbande hier wäre!

In diesem Moment brüllt Bruno: »Da ist jemand am Schäferwagen!«

»Racker?«, fragen alle automatisch.

Doch dann sehen sie eben noch, wie jemand mit grüner Pudelmütze in Deckung geht.

»Der Dieb!«, keucht Lennart und rennt sofort los.

Bruno, Ella, Ida und Malte hinter ihm her.

»Gib auf, du bist umzingelt«, ruft Ella. Kurz hat sie überlegt, ob sie den Dieb siezen soll, doch es muss schnell gehen.

Zack landet eine Ladung Schnee in Lennarts Nacken. Hastig versuchen sie hinter den Obstbäumen in Deckung zu gehen. Da stürmen gleich drei Angreifer hinter dem Schäferwagen hervor und ein Schneeball nach dem anderen prasselt auf sie ein.

»Ein Hinterhalt!«, ruft Malte, von dem Angriff völlig überrumpelt.

»Aufhören!«, brüllt Bruno und springt herum wie ein Schneehase. Doch das hat bei einer Schneeballschlacht noch nie geholfen.

Weil bei einem Überraschungsangriff natürlich keine Zeit ist, Handschuhe anzuziehen, greifen sie mit bloßen Händen in den kalten Schnee, formen in Windeseile Schneebälle und werfen zurück. Als allen die Hände vor Kälte brennen, scheint auch der Schneeballvorrat der Gegner aufgebraucht.

»Holunderbande, ergebt ihr euch?«, tönt eine Stimme.

»Niemals!«, entgegnet Lennart.

»Dann müssen wir euch leider einseifen«, kommt es prompt zurück.

Ella stutzt. Nur wenige wissen Bescheid, dass sie die Holunderbande sind. »Gepardenbande!«, kommandiert sie. »Zeigt euch!«

Kichernd und mit hochroten Gesichtern tauchen tatsächlich Emilia, Carl und Anton hinter dem Schäferwagen auf.

»Ihr habt uns drangekriegt«, beschwert sich Bruno, muss aber dann auch lachen.

»Toll, dass ihr da seid«, freut sich Lennart und kann den Blick nicht von Emilia lassen.

»Wir sind hier mit unseren Eltern beim Wintercamping«, erklärt Emilia.

»Wintercamping?«, fragt Ella voller Mitleid. »Da erfriert man doch.«

»Du kannst bei uns auf dem Dachboden schlafen«, bietet Lennart an.

Doch leider antwortet Emilia: »Danke, nicht nötig. Wir haben eine Heizung im Wohnwagen.«

»Schlaft ihr nicht im Schäferwagen?«, erkundigt sich Anton.

»Nee, der hat nur einen alten Bollerofen«, erklärt Malte.

Damit sie nicht wie Weicheier dastehen, ergänzt Bruno: »Zu gefährlich, wegen Kohlenmonoxid.«

Carl, Anton und Emilia nicken, als ob sie sich auskennen.

»Gehen wir Schlitten fahren?«, fragt Carl.

»Keine Zeit, wir müssen einen Dieb schnappen«, antwortet Lennart geheimnisvoll und hofft, Emilia damit zu beeindrucken.

»Und einen Schafstall bauen«, erklärt Malte. »Motzi und Blitz ziehen hier her.«

Da fällt Ida ein: »Habt ihr zufällig einen schwarz-weißen Hund gesehen?«

Und dann erzählen sie abwechselnd von Racker, von Motzi und Blitz und vom verschwundenen Holz für den Schafstall.

»Ganz schön was los bei euch«, sagt Emilia anerkennend. »Braucht ihr Hilfe?«

»Geht ruhig mit euren Freunden spielen«, ruft Opa ihnen vom Schuppen aus zu. »Ich komm auch ein Weilchen ohne euch zurecht.«

»Gehen wir in den Schäferwagen«, raunt Ella und winkt die anderen mit sich. Opa muss schließlich nicht alles mitkriegen.

Zu acht quetschen sie sich um den kleinen Tisch.

»Habt ihr einen Verdacht, wer der Dieb ist?«, fragt Anton.

»Es ist verrückt«, erklärt Ida. »Wir sind fast immer hier und bekommen trotzdem nie mit, wenn er zuschlägt.«

»Manchmal übersieht man den Täter«, überlegt Emilia. »Weil er total harmlos tut oder weil man ihn kennt.«

Malte nickt. »Das hab ich schon mal im Film gesehen, da ist der Gärtner der Täter.«

»Also einmal war Rahima hier, als sie das Holz gebracht hat«, überlegt Ella. »Aber sie hat selbst genug Holz.«

»Dann war die Tierärztin hier«, fährt Malte fort. »Als sie Racker untersucht hat.«

»Tja, und die Mühlenmarkt-Besucher«, seufzt Ida. »Das waren mindestens zwanzig Leute.«

»Wir haben schon im Dorf ermittelt«, erklärt Lennart, damit die Geparden sehen, dass sie es draufhaben. »Aber nichts.«

Malte springt auf. »Ich hab's, wir stellen dem Dieb eine Falle.«

»Das Wichtigste ist der Köder«, flüstert Lennart, als würde der Dieb um die Ecke lauern.

Und dann überschlagen sich alle fast vor lauter Ideen: »Wir verteilen Holz vor dem Schuppen … gut sichtbar, da kann der Dieb nicht widerstehen … wir legen uns auf die Lauer … wenn er kommt, schnappt die Falle zu.«

»Was, wenn er gefährlich ist?«, fragt Malte zögernd.

Alle schweigen betroffen, daran hatten sie noch gar nicht gedacht.

»Bankräuber sind gefährlich«, beteuert Lennart dann und winkt ab. »Holzdiebe bestimmt nicht.«

Alle nicken überzeugt. Es wäre zu schade, deshalb auf das Abenteuer zu verzichten.

»Wir holen unser Holz zurück«, verkündet Ella. »Drei Mal gespuckt, geflucht und geschworen!«

»Drei Mal gespuckt, geflucht und geschworen!«, wiederholen alle feierlich den Schwur der Holunderbande.

Weil jeder weiß, dass Diebe meistens im Dunkeln zuschlagen, legen sie sich bei Anbruch der Dämmerung im Schäferwagen auf die Lauer. Lennart verteilt noch schnell ein paar Holzstücke als Köder vor den Schuppen. Dabei passt er auf, möglichst wenig Fußabdrücke im frischen Schnee zu hinterlassen. Sie wollen den Täter ja nicht vorwarnen.

Oma und Opa haben sie erzählt, dass sie den Stall putzen wollen, damit es Motzi und Blitz morgen schön haben. Lilly wollte sich nicht abwimmeln lassen. Erst als Oma gesagt hat, dass sie noch mehr von Mamas alten Kassetten im Schrank hat und die Großen auch mal was alleine machen müssen.

»Geheimmission Holzdieb startet«, wispert Ella.

Dann drücken sie dicht aneinandergedrängt ihre Nasen an die Scheiben des Schäferwagens und spähen nach draußen. Lange Zeit passiert nichts, nur eine Katze schleicht vorbei und unermüdlich fallen Schneeflocken.

»Da!«, flüstert Emilia auf einmal und zeigt in die Dämmerung.

Eine dunkle Gestalt schleicht zwischen den Obstbäumen herum. Zuerst sieht es so aus, als würde sie sich bücken, um nicht entdeckt zu werden. Aber als sie näher kommt, staunen die Kinder nicht schlecht: die Gestalt läuft auf allen vieren.

»Das ist Racker«, flüstert Ida verblüfft.

Zielstrebig trabt der schwarz-weiße Hund durch den frischgefallenen Schnee auf den Schuppen zu.

»Er vertreibt noch den Dieb«, stöhnt Lennart.

»Wir müssen ihn reinholen«, schlägt Ida vor. »Dann haben wir auch gleich einen Beschützer.«

Doch Racker weiß genau, was er will. Schon packt er mit seinem Maul eine von Lennarts Latten und läuft damit eilig davon.

»Häh, Racker ist der Dieb?«, stammelt Bruno ungläubig.

Damit hat nun wirklich keiner gerechnet.

»Bestimmt haben ihn seine Leute dressiert«, schnaubt Ella dann. »Sie haben ihm beigebracht, dass er für sie klaut.«

»Schnell hinterher!«, ruft Emilia. »Der neue Schnee verdeckt sonst seine Spuren.«

»Wildnis, wir kommen!«, verkündet Lennart ernst.

Die Taschen- und Stirnlampen auf Rackers Spuren gerichtet, nehmen sie die Verfolgung auf. Racker hat natürlich längst einen großen Vorsprung.

»Ich kapier das nicht«, keucht Malte, der jetzt schon Seitenstechen hat. »Holz ist doch nichts Wertvolles.«

»Vielleicht sind sie scharf auf den Schatz der Mühlengeister«, überlegt Ida. »Und der arme Racker hat es falsch verstanden.«

Aus der Ferne ertönt ein Bellen.

»War das Racker?«, flüstert Malte.

Alle lauschen mit angehaltenem Atem, während ihnen die Schneeflocken ins Gesicht peitschen.

»Opa hat doch was von Füchsen erzählt«, flüstert Ida. Stolpernd rückt sie näher zu den anderen auf.

Nach ein paar Metern bleibt Lennart ruckartig stehen. »Pssst«, wispert er und zeigt auf ein Licht, das hinter ein paar Bäumen hervorschimmert. »Dort ist ein Haus.«

Vorsichtig pirschen sie sich näher ran. Stück für Stück bis vor die Hofeinfahrt, wo Rackers Spuren hineinführen.

»Wer Bammel hat, kann jetzt noch umkehren«, kommt es leise von Malte. Kein Wunder, er ist ja auch der Jüngste.

Die Holunderbande und die Gepardenbande stecken in der Klemme – und: Zwei alte Sturköpfe

»Taschenlampen aus«, kommandiert Emilia und schlüpft durchs Gatter.

Die anderen klettern lautlos hinterher, denn keiner will allein zurückbleiben. Gebückt huschen sie über den Hof, an den Mülltonnen und einer Garage vorbei. Immer wachsam, dass sie in der Dunkelheit nirgends dagegenstoßen und einen Mordsradau machen, der sie verrät. Neben dem Haus, im Schatten einer Scheune, gehen sie in Deckung.

»Und was jetzt?«, wispert Ida.

»Wir suchen unser Holz und hauen wieder ab«, wispert es zurück.

»Am besten, wir teilen uns auf«, überlegt Ella. Was unauffälliger ist, als wenn alle acht zusammen wie eine Herde Elefanten hier rumstapfen.

Lennart schnappt sich natürlich gleich Emilia. Carl will mit Ella in ein Team, doch sie hat sich schon bei Ida untergehakt. So tun sich Malte und Bruno zusammen und Carl und Anton.

»Wer was gefunden hat, gibt Bescheid«, flüstert Bruno.

Doch als sie gerade ausschwärmen wollen, klingt aufgeregtes Bellen aus dem Haus. Kurz darauf hören sie knirschende Schritte näher kommen, direkt auf sie zu. Und bevor sie sich verstecken können, leuchtet ihnen jemand mit einer Taschenlampe ins Gesicht.

Einen Augenblick bleibt allen vor Schreck fast das Herz stehen.

»Na, da haben wir doch glatt ein paar Hühnerdiebe erwischt«, wettert eine tiefe Stimme. »Brav, Pepper.«

Jetzt diskutiert man natürlich nicht mit einem Dieb, dass sein Hund Racker und nicht Pepper heißt. Racker jedenfalls hat Ida, Ella, Malte, Lennart und Bruno erkannt und springt schwanzwedelnd um sie herum.

Lennart nimmt all seinen Mut zusammen, knipst die Stirnlampe an und strahlt den Mann an, dass es fast wie ein Taschenlampenduell ist. »Wir sind doch keine Hühnerdiebe«, wehrt er sich. Denn Emilia soll wissen, wie mutig er ist.

Da läuft Racker plötzlich in die Dunkelheit. Eine Sekunde später kommt er mit einer von Opas Holzleisten im Maul zurück und legt sie stolz vor Ellas Füße.

»Es ist andersrum«, gibt Ella triumphierend zurück. »WIR haben einen Holzdieb erwischt.«

Was verdammt mutig ist. Na ja, aber vielleicht nicht so schlau. Denn jetzt weiß der Mann, dass sie wissen, dass er das Holz hat. Und ein echter Dieb will natürlich keine Mitwisser haben.

»Fräulein Neunmalklug, was?«, fragt der Mann amüsiert. »Keine Ahnung, woher Pepper das Holz hat, das er immer anbringt. Ich weiß nur, dass ihr heimlich auf meinem Hof rumschleicht.«

Auweia, jetzt stecken sie ordentlich in der Klemme. Bestimmt überlegt sich der Mann gerade, dass er sie besser fesselt und dann in der Scheune verschimmeln lässt.

»Pepper kann doch nichts dafür«, verteidigt Malte den armen Racker, weil es auch schon egal ist.

Alle halten angespannt die Luft an. Lennart sieht aus den Augenwinkeln, wie sich Carl und Anton hinter Emilia verstecken. So was Peinliches würde er nie im Leben tun.

Plötzlich lacht der Mann. »Dann will ich euch mal zu euren Eltern zurückbringen«, sagt er. »Im Dunkeln bei Eis und Schnee seid ihr besser zu Hause und im Warmen aufgehoben.«

»Wir haben keine Eltern«, kommt es von Bruno prompt

zurück. »Also nicht hier«, verbessert er sich, weil er das nicht mal denken will.

»Na, irgendwo seid ihr doch her«, hakt der Mann nach.

»Von dort«, sagt Lennart trotzig und zeigt in die Richtung, aus der sie gekommen sind. Opa wird dem Mann ordentlich die Meinung sagen.

»Vom Mühlenhof?«, fragt der Mann baff. »Seid ihr … Ludgers und Veras Enkel?«

Da sind auch Lennart und die anderen baff.

Mitgekommen ist der Mann dann doch nicht. Aber er hat mit Oma telefoniert. »Hallo Vera, hier ist Thaddäus«, hat er in den Hörer gesagt. »Ich hab hier ein paar Ausreißer für dich.«

Lennart, Bruno, Malte, Ida und Ella können es immer noch nicht fassen. Der Mann ist tatsächlich Thaddäus. Der, über den Opa gestern nicht reden wollte.

Oma hat sie dann mit ihrem alten blauen Kombi von Thaddäus abgeholt. Acht Kinder und eine Oma in einem Auto, das muss man sich mal vorstellen. Das ist so ungefähr das Verbotenste, was es gibt. Doch keiner hat sich getraut, was zu sagen. Zum Glück ist Oma ganz langsam gefahren und bei dem Schneetreiben war sowieso sonst niemand auf der Straße.

Jetzt sitzen sie zusammen um den Küchentisch: Oma, Ida, Ella, Malte, Bruno und Lennart. Lilly darf so lange ausnahmsweise einen Film ansehen. (Da ist ihnen erst aufgefallen, dass Oma und Opa einen Fernseher haben. Vor lauter schöner Erlebnisse hier hatten sie bisher gar keinen gebraucht.)

Sie warten auf Opa, der gerade noch Emilia, Carl und Anton zum Campingplatz zurückfährt. So spät sollen sie nicht noch mal im Dunklen allein durch die eisige Arktis spazieren, hat er gesagt.

»Thaddäus hat alles Racker in die Schuhe geschoben?«, braust Ida auf. »Er sagt, Racker hätte das Holz geklaut.«

»Der ist so fies«, zischt Lennart. Weil es stimmt und überhaupt sind Opas Feinde auch seine Feinde. (Und ein Dieb ist auf alle Fälle ein Feind.)

Oma lächelt. »Überlegt mal: Was soll Thaddäus mit den paar Holzlatten?«, gibt sie zu bedenken. »Racker ist ein junger Hund. Er hatte Langeweile, ist ausgebüxt und hat das Holz gemopst. Das war für ihn ein lustiges Spiel.«

»Ja, aber …«, setzt Bruno an. Doch Oma hat recht.

»Deshalb waren auch immer die kurzen Latten fort«, fällt Malte ein. »Die langen hätte der kleine Racker nie davontragen können.«

Nun müssen alle grinsen. Racker macht seinem Namen wirklich alle Ehre: Er hat es faustdick hinter den Ohren.

»Wer ist denn nun Thaddäus?«, fragt Ida nach. »Opa wollte gestern nicht über ihn reden.«

Oma seufzt. »Er war mal Opas bester Freund, mittlerweile haben sie seit Jahren nicht mehr miteinander gesprochen.«

»Bestimmt haben sie sich gestritten«, erklärt Lilly und schiebt sich auf Omas Schoß. Anscheinend will sie nicht allein im Wohnzimmer sitzen. »Das kenn ich, da muss man sich bloß vertragen und schon ist alles wieder gut.«

»Ja, das Vertragen ist das Problem, Lilly-Spatz«, sagt Oma.

»Für Erwachsene ist Entschuldigen manchmal schwer«, weiß Malte. »Vor allem für alte Opas.«

»Da hast du wohl recht«, tönt Opas Stimme hinter ihnen.

Erschrocken drehen sie sich um, sie haben gar nicht gehört, dass Opa zurückkommen ist.

Malte hat einen hochroten Kopf. »Das … war nicht so gemeint«, stammelt er.

»Schon gut«, brummt Opa und guckt nachdenklich aus dem Fenster. »Ich bin ja wirklich ein alter Sturkopf.«

Weil Ida ihn noch nie so ernst gesehen hat, geht sie zu ihm und nimmt seine Hand. »Was war mit Thaddäus und dir?«, fragt sie leise. So macht es Mama, wenn sie mit Lennart Streit hat.

»Ich erinnere mich schon gar nicht mehr, worum es damals ging«, sagt Opa mit starrem Blick, als würde er versuchen in die Vergangenheit zu gucken. »Mittlerweile haben wir sechs Jahre nicht mehr miteinander gesprochen.«

»Sechs Jahre«, wiederholt Ida erschrocken. »Da war ich ja fast noch ein Baby.«

»Mhm«, gibt Opa zu. »Eine lange Zeit.«

»Aber er war dein bester Freund.« Ida schüttelt sich verwundert. »Wenn Ella und ich sechs Jahre nicht miteinander geredet hätten, dann hätten wir noch nie im Leben was zusammen gemacht.«

Auf einmal lächelt Opa. »Du bist ganz schön klug, Ida-Mädchen«, sagte er und klopft ihr auf die Schulter. Dann geht er zum Windfang, zieht wieder Jacke, Mütze, Schal und Stiefel an. »Ich geh zu ihm.«

Doch als er die Tür öffnet, staunt er nicht schlecht. Denn vor ihm steht Thaddäus in der Dunkelheit mit Racker an seiner Seite.

»Ich glaub, die gehören dir«, sagt Thaddäus und drückt Opa die gemopsten Holzlatten in die Hand. »Der Hund büxt mir immer aus, aber ich hab ihn erst seit Kurzem und muss ihm noch ein paar Dinge beibringen ...«

»Komm rein«, sagt Opa und klingt, als hätte er plötzlich einen Frosch im Hals. »Oder willst du in drei Minuten wie ein Schneemann aussehen?«

Oma kocht noch mal eine große Kanne Tee (denn wie es aussieht, wird es ein langer Abend) und stellt eine Tasse für Thaddäus auf den Tisch.

»Da besuchst du uns also bei so einem Schneetreiben«, sagt Opa verlegen.

Thaddäus nickt. »Dachte, es wäre mal wieder Zeit«, murmelt er, ebenso verlegen. »Außerdem wollte ich mich für Pepper entschuldigen.«

»Junge Hunde wollen spielen«, sagt Ida schnell. »Das ist total normal, wie bei Kindern.« Jetzt darf nichts schiefgehen, wo es ganz so aussieht, als würde gleich wieder alles gut.

»Bei einem alten Kerl wie mir ist ihm vielleicht manchmal etwas langweilig«, murmelt Thaddäus und krault Racker.

»Racker kann Opa helfen, Motzi und Blitz zu hüten«, schlägt Malte vor.

Nachdem klar ist, wer Motzi und Blitz sind, fragt Thaddäus: »Du fängst also wieder mit der Schäferei an, Ludger?«

»Ein bisschen Arbeit tut mir gut«, erwidert Opa. »Der kleine Racker kann mir gern helfen … und du kannst ja mitkommen, Thaddäus.«

Beide lächeln, zuerst zögernd, doch im nächsten Moment geben sie sich die Hand und klopfen sich auf die Schulter.

»Komm doch morgen Abend zum Silvesterfeuer vorbei«, lädt Oma ihn ein. »Dann bekommst du einen guten Eintopf und heißen Punsch.«

»Gern«, erwidert Thaddäus. »Wie früher.«

»Vertragt ihr euch jetzt wieder?«, fragt Lilly erleichtert. »Mama sagt immer, man soll nicht mal eine Nacht lang verstritten sein.«

»Deine Mama ist schlau«, sagt Opa.

»Wir waren vielleicht Kindsköpfe«, bestätigt Thaddäus und dann nicken er und Opa lachend.

»Opaköpfe, nicht Kindsköpfe«, widerspricht Lennart. »Kinder würden sich nie sechs Jahre lang streiten.«

»Gut gemacht«, flüstert Oma den Kindern zu und lotst sie aus der Küche ins Wohnzimmer. Die beiden Männer sollen allein und in Ruhe über alles reden können.

»Eigentlich hat ja Racker die meiste Arbeit gemacht«, überlegt Ella. »Wenn er nicht ausgebüxt wäre und das Holz verschleppt hätte …«

Da sind sich alle einig, Und dafür hat Racker wirklich eine Extraportion Leckerlis verdient.

Ein Umzug, Silvester und die dunkelste Nacht des Jahres

Ist es nicht verrückt, wie schnell die Zeit manchmal vergeht? Da wartet man ewig auf Silvester und dass Motzi und Blitz in ihren neuen Stall einziehen – und plötzlich ist es so weit. Ida, Ella, Malte, Lennart, Bruno und Lilly bringen kaum einen Bissen vom Frühstück runter. Obwohl Oma zur Feier des Tages extra einen Kuchen mit Kokosflocken gebacken hat, der wie ein Schaf aussieht (ein sehr dickes Schaf).

Rasch bauen sie noch mit den zurückgebrachten Latten den Schafstall fertig und verteilen eine doppelte Lage Einstreu auf dem Boden. Motzi und Blitz sollen es schließlich schön warm und gemütlich haben. Damit die beiden Neuankömmlinge nicht gleich wieder ausbüxen, steckt Opa einen Schafzaun in die Wiese.

Dann brechen sie zu Hanno auf, um Motzi und Blitz abzuholen. Zum Glück hat es in der Nacht dann doch irgendwann aufgehört zu schneien und es ist perfektes Umzugswetter mit strahlendem Sonnenschein. Als hätte sich die Welt extra für Silvester herausgeputzt

Auf dem Hof werden sie schon erwartet. Hanno führt gerade Motzi und Blitz auf einen Anhänger und bindet sie zur Sicherheit an.

»Ich dachte, wir bringen sie zu Fuß zur Mühle«, sagt Ida und ist ein bisschen enttäuscht.

»Schafe sind Herdentiere«, erklärt Opa. »Ohne Leittier könnten wir sie schwer überzeugen, dass sie mitkommen.«

»Bitte einsteigen, es sind noch Plätze frei«, lädt Hanno ein und deutet auf die eckigen Heuballen neben den beiden Lämmern.

Das lassen sich Ida, Ella, Lilly, Bruno, Malte und Lennart nicht zweimal sagen. Bloß Opa sitzt lieber vorne bei Hanno auf dem Traktor. Dann startet Hanno den Motor und es geht im Schneckentempo los. Nicht, dass es Motzi und Blitz während der Fahrt vor lauter Geruckel noch schlecht wird.

Als sie bei der Mühle ankommen, gibt es kein großes Tamtam, wie man sich so ein Ereignis vorstellt, wenn man keine Ahnung von Schafen hat. Nur Oma kommt zur Begrüßung aus dem Haus gelaufen. Motzi und Blitz sollen sich ja nicht erschrecken, sondern in aller Ruhe ihren Stall und die Obstwiese erkunden. Aber damit es doch etwas Besonderes ist, haben Ida und Malte ein Schild gemalt und an die Stalltür genagelt, auf dem steht in bunten Buchstaben:

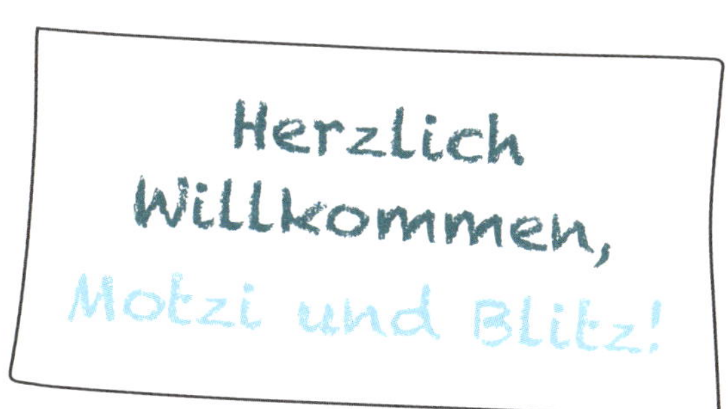

Zögernd trippeln Motzi und Blitz die Rampe vom Anhänger hinunter und beschnuppern neugierig die Obstwiese und den Stall. Und kurz darauf springen sie auch schon auf ihren kleinen Hufen ausgelassen umher, dass der frisch gefallene Schnee aufstäubt. Weil sie rundum in ihrer dicken warmen flauschigen Wolle stecken, macht ihnen die Kälte überhaupt nichts aus.

Damit sich Motzi und Blitz wie zu Hause fühlen, hat Opa von Hanno noch ihr gewohntes Futter für die ersten Wochen bekommen. Und in ihren Futterraufen warten neben einer Portion Heu ein paar Apfelschnitten (was ein echter Leckerbissen für Schafe ist, wie Opa weiß).

Nachdem sich Hanno verabschiedet hat, fragt Bruno: »Ob Hanno traurig ist?« Er erinnert sich noch, als seine Kaninchen Junge bekommen haben und er sie weggeben musste, weil sie sonst im Nullkommanichts eine riesengroße Kaninchenzucht im Holunderweg gehabt hätten.

»Opas und Hannos Schafe können sich ja immer besuchen«, schlägt Malte vor. »Über den Schleichweg ist es nicht weit.«

»Herrje, ich hoff mal nicht, dass die beiden ausbüxen«, stöhnt Opa lachend.

»Stimmt«, fällt Ida ein. »Am Ende bekommen sie Heimweh.«

»Keine Sorge«, beruhigt Opa. »Motzi und Blitz gewöhnen sich schnell an ihr neues Zuhause.«

»Mann, ich hab doch gesagt, wir sind so was wie ihre Mamas«, erklärt Lilly. Dabei verdreht sie die Augen, als würde sie sich wundern, wie man so was bloß vergessen kann.

»Und ihre Papas«, beharrt Bruno. »Ich bin nämlich sicher keine Mama.« Wo ihm Lennart und Malte lautstark zustimmen.

Malte rechnet: »Dann haben Motzi und Blitz ihre Schafeltern plus drei Papas, drei Mamas, drei Omas und drei Opas im Holunderweg, eine Uroma und einen Uropa hier und einen Onkel ... nämlich Hanno.« Er grinst zufrieden. Seltsam, wie einfach Mathe ist, wenn man dabei nicht in der Schule sitzen muss.

»Denk mal«, sagt Oma schmunzelnd, »was Motzi und Blitz doch für eine große Familie haben.«

Da wird allen ganz warm ums Herz, weil das wirklich eine schöne Vorstellung ist. Wie gut, dass die beiden Lämmer Opa, Lilly, Lennart, Malte, Ella, Ida und Bruno so gut kennen. Und Oma kennen sie jetzt auch.

»Nun lassen wir die beiden mal ein bisschen allein«, meint Opa. »Das war ganz schön viel Aufregung für sie.«

»Klar«, sagt Lennart und klatscht sich vor die Stirn. »Die wollen sich bestimmt ausruhen.«

»Und wir müssen endlich unser Weihnachtsgeschenk aufhängen«, meint Oma.

Als alle sie verwundert ansehen, holt sie das Insektenhotel aus der Töpferwerkstatt, das sie vor lauter Abenteuer glatt vergessen haben. Oma drückt Ida einen Hammer in die Hand. »Was meint ihr, wo ist ein guter Ort dafür?«

Ida, Ella, Lennart, Malte und Bruno nicken sich zu. »Am Auge des Sturms!«, rufen alle auf einmal.

Dann laufen sie zum Schäferwagen und auf der Rückseite bei den Himbeersträuchern setzt Ida den Nagel an. Sie holt mit dem Hammer aus und nach eins – zwei – drei Schlägen steckt der erste Nagel fest im Holz. Kurz darauf der zweite. Opa hebt Lilly hoch, damit sie das Insektenhotel daran aufhängen kann.

»Jetzt müssen bloß noch die Gäste kommen.« Lilly guckt in den strahlend blauen Winterhimmel, als würde jeden Moment Wildbienen oder Hummeln anreisen.

»Die kommen wohl erst im Frühjahr, Lilly-Spatz«, sagt Oma lachend.

Dann haben sie noch eine Menge für die Silvestersause vorzubereiten. Bruno hat extra eine Liste geschrieben, damit sie auch sicher nichts vergessen:

1. Gemüse schnippeln und einen Riesentopf Suppe kochen
2. leckeres Vollkornbrot backen
3. Räuberbowle mixen
4. Sitzbänke im Garten aufbauen
5. alles fürs Wachsgießen vorbereiten: Windlicht, Wasserschale, Wachs und 1 großer Löffel
6. Wunderkerzen vorbereiten
7. Feuerschale mit Feuerholz aufstellen

Da ist es gut, dass Motzi und Blitz ihre Ruhe brauchen. Sonst würden Ida, Ella, Lennart, Malte, Bruno und Lilly stattdessen immer nur zugucken, was die beiden Lämmer gerade Niedliches machen.

Kurz bevor es dunkel wird, zündet Opa im Garten die Feuerschale an. Damit sie es schön warm haben und beim Warten auf Mitternacht nicht zu Eiszapfen werden.

»Jede anständige Silvestersause braucht eine Bar«, erklärt Ella, weil sie das mal irgendwo gehört hat. Und weil sie ganz sicher eine anständige Silvestersause veranstalten, bauen sie noch schnell aus Schnee eine kleine Mauer. Wobei auf ihrer Bar kein Alkohol steht (der schmeckt ja eklig), sondern leckere Räuberbowle in Omas guten Gläsern.

Da ertönt auf einmal ein Bellen und im nächsten Moment springt Racker um sie herum, mit Thaddäus im Schlepptau.

»Ich hab Nachspeise mitgebracht«, sagt Thaddäus und stellt

verlegen eine Schüssel auf die Schneebar. »Süße Äpfel in Honig … ein Silvesterbrauch aus Israel, damit das neue Jahr süß wird.«

Oma schleppt den großen dampfenden Suppentopf aus der Küche heran und Opa hängt ihn an einer Kette übers Feuer.

»Wer an Silvester Linsensuppe isst, hat im neuen Jahr einen prallen Geldbeutel«, erklärt sie.

Nachdem alle eine große Portion auf ihren Teller bekommen haben, schlürfen sie zufrieden Suppe und essen dazu das leckere frisch gebackene Brot. Dass man mit vollem Mund eigentlich nicht spricht, spielt in so einer Nacht keine Rolle. Nicht mal für Oma und Opa.

Dann schreit Lennart auf einmal auf und stochert in seinem Mund herum. Weil man es im Feuerschein nicht so gut sieht, denken alle erst mal, er hätte sich einen Zahn ausgebissen. Doch dann hebt er triumphierend etwas zwischen den Fingern in die Höhe.

»Darf ich vorstellen, der Schatz der Mühlengeister!«, ruft er. »Ich hab ihn gefunden!«

Da müssen Oma und Opa so doll lachen, dass sie fast keine Luft mehr bekommen.

»Ins Silvesterbrot wird eine Münze eingebacken«, erklärt Oma schließlich. »Und wer sie findet, hat besonders viel Glück im neuen Jahr.«

Anschließend schleppen Lennart und Bruno den Topf mit der Räuberbowle auf die Eisbar. Natürlich will jeder mal probieren, auch die Erwachsenen, obwohl die eigentlich ihre eigene Bowle haben. Räuberbowle ist eben einfach unschlagbar.

»Guckt mal, die Wolken«, sagt Ella und zeigt zum Sternenhimmel. »Die sehen aus wie Pferde im Galopp.«

»Das ist Wotan mit seinem wilden Gefolge«, meint Thaddäus. »Während der Raunächte reiten sie auf ihren Pferden durch die Lüfte, vor allem heute in der dunkelsten Nacht des Jahres.«

Da bleibt allen die Spucke weg und Bruno verschluckt sich sogar an seiner Räuberbowle.

»Heute ist die dunkelste Nacht des Jahres?«, fragt Ella nach, ob sie sich nicht verhört hat.

»Aber ja«, antwortet Thaddäus. »Deshalb veranstalten die Menschen seit Jahrhunderten zu Silvester so ein Höllenspektakel … um mit Feuerwerk und Lärm die bösen Geister zu vertreiben.«

»Wir glauben nicht an Geister«, sagt Lilly und kuschelt sich neben Racker. Sie hat extra ein Deckenlager für ihn auf ihrem Schlitten gebaut, denn im kalten Schnee kann ein Hund nun wirklich nicht liegen. »Wir glauben höchstens an Opas Mühlengeister.«

»Da habt ihr recht«, sagt Thaddäus, weil ihm bestimmt eingefallen ist, dass sich Kinder vor solchen alten Geschichten gruseln könnten.

»Mal sehen, was uns das neue Jahr bringt«, lenkt Oma ab. Sie zündet ein Windlicht an und schmilzt über der Flamme ein Stück Wachs auf einem Löffel. Dann gießt sie vorsichtig das flüssige Wachs in die Wasserschüssel, was ordentlich zischt. Einen Augenblick später fischt Oma das erstarrte Wachs heraus und hält es gegen den Feuerschein.

Sofort raten alle mit, welche Figur es sein könnte: »Das ist ein Hund … nee, ein Stiefel … ein Herz … ein Schlüssel … eine Maus …«

Dann gießt einer nach dem anderen eine Wachsfigur. Währenddessen sind sich Lilly, Malte, Ella, Ida, Bruno und Lennart manchmal unsicher, ob nicht ganz leise das Geräusch von Mahlsteinen aus der Mühle dringt. Aber nachschauen wollen sie lieber nicht. Falls die Mühlengeister gerade Korn zu Gold mahlen, wollen sie bestimmt auf keinen Fall gestört werden.

Zum ersten Mal feiern sie Silvester ohne Eltern. Was aber gar nicht schlimm ist, weil diesmal alle Mamas und Papas aus dem Holunderweg zusammen ins Theater gehen wollen. Dort hören sie sich irgendwas mit viel Musik und Gesang an (das mindestens aus dem Mittelalter ist). Da ist es hier bei Oma und Opa viel spannender.

»Zehn … neun … acht«, beginnt Opa auf einmal, nachdem er zum x-ten Mal auf seine Uhr geguckt hat.

Sofort zählt jeder mit. »Sieben … sechs … fünf … vier …« Alle sind furchtbar hibbelig vor lauter Spannung. »Drei … zwei … eins … Und dann ist es so weit: »Null!« Jetzt stoßen sie mit ihren Räuberbowle-Gläsern an und rufen sich zu:

»Ein gutes neues Jahr!«

Nacheinander zünden sie ihre Wunderkerzen an dem Windlicht an und malen leuchtende Kreise in die Luft. Nur bei Lilly hilft Oma natürlich mit, weil kleine Kinder noch nicht mit Feuer umgehen sollen. Mit genug Abstand, damit nichts passiert, stellen sie sich ums Feuer auf. Ihre Wunderkerzen sprühen funkelnde Sterne in die schwarze Nacht und vom Dorf her weht der Klang der Kirchenglocken zum Mühlenhof. Jetzt hat das neue Jahr begonnen.

Auf einmal ist Opa verschwunden. Ein sanfter Lichtschein im Schafstall verrät, wo er steckt. Er beruhigt Motzi und Blitz, die von Silvester und Raketen und Neujahr ja keine Ahnung haben. Doch die beiden Schafe gucken nur neugierig auf all den Besuch, der plötzlich mitten in der Nacht vor ihnen steht. Dann zupfen sie wieder Heu aus ihren Raufen und kauen genüsslich vor sich hin. Kein Wunder, die beiden sind schließlich in einer stürmischen Gewitternacht geboren. Sie haben Löwenherzen und Löwenmut.

»Auch für euch ein gutes neues Jahr«, flüstert Ida den beiden in die Ohren und kuschelt ihr Gesicht in das weiche Fell. Und da fällt ihr wieder ihr Traum aus der ersten Nacht oben im Räuberlager ein. Es stimmt: Was man in der ersten Nacht träumt, geht in Erfüllung!

Zurück im Holunderweg und endlich Schnee!

Jetzt könnte man meinen, dass nach so einer Silvestersause alle bis in die Puppen schlafen. Doch pünktlich zu Roccos *Kikerikiii* sind alle wach, denn Motzi und Blitz haben sicher schon Hunger. Außerdem müssen sie noch packen, weil es heute zurück in den Holunderweg geht.

Im Stall werden Ida, Ella, Malte, Bruno, Lennart, Lilly und Opa mit einem fröhlichen zweistimmigen *Määäh* von den beiden Lämmern begrüßt.

»Bitte schön, eine Portion allerfeinstes Heu«, sagt Ida wie eine Bedienung in einem Feinschmeckerlokal.

»Dazu ein Stückchen Kohlrübe gefällig?«, fragt Malte.

Sie können gar nicht so schnell gucken, wie sich Motzi und Blitz darüber hermachen.

Danach kontrollieren sie das Wasser in der Tränke, ob es über Nacht auch nicht gefroren ist. Aber im Stall ist es warm genug.

»Müssen wir auch ausmisten?«, fragt Lennart eifrig.

Opa versichert: »Das mach ich, wenn die beiden draußen auf der Obstwiese sind. Jetzt holen wir uns erst mal unsere Fütterung.« Womit er natürlich Frühstück meint.

Am späten Vormittag, als Ida, Ella, Malte, Bruno und Lennart mit Packen fertig sind und das ganze Gepäck abreisebereit im Windfang steht, taucht Überraschungsbesuch auf. Emilia, Carl und Anton sind gekommen, um sie zu verabschieden. Gestern waren sie ja nicht bei der Silvestersause dabei, weil sie mit ihren Eltern gefeiert haben, klar.

Lennart holt die Glücksmünze von gestern Abend aus seiner Tasche. »Hier, für ein gutes neues Jahr«, murmelt er verlegen und drückt sie Emilia in die Hand. Einen Moment fürchtet er, dass Emilia das blöd findet.

Doch Emilia sagt »Cool, danke« und steckt die Münze ein.

Carl und Anton schubsen sich albern kichernd an.

Da ertönt ein Hupen vom Parkplatz vor der Mühle. Frau Rosenbaum und Herr Sonntag sind mit ihren Autos gekommen, um die Kinder abzuholen. Nach großem Hallo wollen sie natürlich Motzi und Blitz sehen.

»Den Stall habt ihr wirklich selbst gebaut?«, fragt Herr Sonntag beeindruckt.

»Das meiste haben die Kinder gemacht«, bestätigt Opa. »Ich hab nur ein bisschen Anleitung gegeben.«

Dann erzählen sie von Racker und wie er sich die Holzleisten gemopst hat. Ida findet es ein bisschen schade, dass Racker nicht hier ist. Mama hätte sich sicher sofort in ihn verliebt und zu Hause vielleicht doch endlich einen Hund erlaubt.

Frau Rosenbaum zückt ihr Handy und macht Fotos von den Kindern und Motzi und Blitz vor dem Stall. »Das glaubt uns Papa sonst nie«, sagt sie stolz.

Nur von der nächtlichen Expedition zu Thaddäus' Hof erzählen sie nichts. Auch Oma und Opa halten dicht, was wirklich cool von den beiden ist.

Dann wird es Zeit, das Gepäck in die beiden Autos zu verfrachten.

»Besucht uns bald wieder«, sagt Oma. Sie umarmt jeden und steckt allen noch ein kleines Räuberpicknick für die Heimfahrt zu (Käsebrot mit Gürkchen, was sonst).

Das versprechen alle wahnsinnig gern. Drei Mal gespuckt, geflucht und geschworen!

»Im Frühling könnt ihr auch wieder im Schäferwagen übernachten«, meint Opa. »Ganz nah bei Motzi und Blitz.«

»Und ihr müsst uns immer Fotos von Motzi und Blitz schicken«, sagt Bruno. »Mit dem Computer auf unser Handy.«

»Das sollten wir hinkriegen«, bestätigt Opa schmunzelnd. »Wir sind ja nicht von vorgestern.«

Dann werfen alle einen letzten Blick auf Motzi und Blitz, die zufrieden aus ihrem Stall gucken, und steigen in die Autos.

Weil Herrn Sonntags Reifen auf einer vereisten Stelle durchdrehen, müssen Emilia, Anton und Carl ein bisschen anschieben, aber dann geht's endlich los. Sie winken, bis sie um die Ecke gefahren sind und man auch die Windmühlenflügel nicht mehr sieht.

»Wisst ihr was?«, seufzt Lilly und kuschelt sich an Ida. »Ferien bei Oma und Opa sind die schönsten auf der Welt.«

Womit sie absolut recht hat. Und weil die Ferientage bei Oma und Opa wirklich aufregend waren und es letzte Nacht ziemlich spät geworden ist, dauert es nicht lang und auf den Rücksitzen in beiden Autos wird es mucksmäuschenstill.

Erst als sie vor dem Holunderweg 7 anhalten, wachen Ella, Ida, Malte, Bruno, Lennart und Lilly wieder auf. Und da reiben sie sich erst mal die Augen.

»Schaut euch das an«, staunt Ella.

»Ich glaub, ich träum«, stammelt Ida.

»Der Hammer!«, tönt Lennart und reißt die Autotür auf.

»Alter, es hat geschneit«, sagt Bruno anerkennend. »Richtig viel sogar.«

»Jetzt ist auch im Holunderweg Winter!«, jubelt Malte.

Und das ist wirklich ein toller Empfang. Alles ist weiß: der Gehweg, die Kastanie vor dem Haus, die Fensterbretter, das Dach vom Fahrradschuppen und der Hinterhof. Auch das Vogelhäuschen und die Mülltonnen tragen dicke Schneemützen und an der Hauswand türmt sich ein hoher Schneehaufen vom Schneeräumen.

Ganz obendrauf sitzt Klein-Olli stolz wie Bolle und winkt. Auch er und Nina Süßmilch sind wieder von ihrem Verwandtenbesuch zurück. Schon schwingt die Haustür auf und Herr Rosenbaum, Frau Sonntag und Brunos Eltern stürmen heraus. Hinterher trippelt eine kleine mollige Frau mit Anna-Baby auf dem Arm, die Brunos Oma sein muss.

»Caro mio!«, ruft sie und steuert auf Bruno zu, um ihn fest an sich zu drücken.

»Willkommen zu Hause!«, rufen alle durcheinander und ein großes Umarmen beginnt. »Wir haben euch vermisst! … Hattet ihr schöne Ferientage? … Wie war die Fahrt? … Ein gutes neues Jahr!«

Ida fällt sofort auf, dass die Willkommensgirlande diesmal an den Briefkästen hängt. Klar, an der Eingangstür ist wirklich kein Platz, dort hängt ja noch bis zum Dreikönigstag der große Weihnachtskranz.

Da entdecken sie Herrn Kuse, der neben der großen Weihnachtstanne an einem Lagerfeuer herumwerkelt.

»Wir haben eine kleine Stehparty vorbereitet«, erklärt Herr Kuse. »Wir müssen doch unsere Winterferienheimkehrer ordentlich begrüßen.«

»Eine echte Stehparty!«, ruft Lilly entzückt.

»Wer möchte heißen Punsch?«, fragt Nina Süßmilch und verteilt dampfende Tassen. Sofort recken sich ihr eine Menge Hände entgegen und Herr Rosenbaum verteilt die letzten Plätzchenvorräte.

Nur Bruno guckt natürlich zuerst schnell nach Mümmel und Krümel. Er hat seinen beiden Kaninchen eine Portion von Motzis und Blitz' leckerem Heu mitgebracht.

Während alle aus ihren dampfenden Tassen vorsichtig schlürfen und sich ums Feuer drängen, beginnen die Ferienrückkehrer abwechselnd zu erzählen:

Von Motzi und Blitz, die nun tatsächlich bei Opa und Oma eingezogen sind, in einen tipptopp gemütlichen warmen Stall. Von Racker, der es faustdick hinter den Ohren hat und Opa demnächst beim Schafehüten hilft. Von Opa und Thaddäus,

die sich endlich wieder vertragen, und von der Silvestersause und der dunkelsten Nacht des Jahres.

»Mensch, das hätten wir fast vergessen!«, fällt Ida da ein. »Wir haben euch was mitgebracht!«

Sie holt den Karton mit Omas und Lillys getöpferten Glücksbringern und alle Erwachsenen dürfen sich aussuchen, ob sie ein Hufeisen, ein Kleeblatt oder ein Glücksschwein mögen.

»Das ist aber nett von euch«, bedankt sich Hausmeister Kuse.

»Mit so tollen Glücksbringern kann im neuen Jahr nichts schiefgehen«, freut sich Brunos Mama.

Und Lilly erzählt stolz, wie sie die Glücksbringer mit Oma getöpfert hat.

Am Ende bleibt ein Kleeblatt für Herrn Schlussnuss übrig, aber das geben sie ihm später. Bestimmt trinkt er gerade seinen Nachmittagskaffee und will nicht gestört werden.

»Wie schön, dass wir im Holunderweg 7 wieder komplett sind«, freut sich Ella.

»Wir sollten unbedingt auch mal auf unserem Dachboden übernachten«, überlegt Bruno.

»Bloß schade, dass wir den Schatz der Mühlengeister nicht gefunden haben«, meint Lennart. »Dann wären wir jetzt reich.«

»Den Schatz finden wir beim nächsten Mal«, versichert Ida.

Alle grinsen zufrieden. Ja, vielleicht fahren sie sogar schon im Frühling wieder hin. Wenn es wärmer wird, die ersten Blumen blühen und der Osterhase

dort Nester versteckt. Bei Oma und Opa gibt es eine Menge guter Verstecke (und in einem ist der Schatz der Mühlengeister, ganz bestimmt). Aber jetzt genießen sie erst mal ausgiebig den Winter im Holunderweg!

Und weil der erste Schnee im Holunderweg gebührend gefeiert werden muss, holen sie ihre Schlitten und Bobs aus den Kellern und ziehen gemeinsam zum Schlittenberg. Das Gepäck lassen sie in den Autos, das können sie später immer noch auspacken.

»Schnee ist eine tolle Erfindung«, verkündet Bruno, als sie durch den Schnee den Schlittenberg hinaufstapfen. »Winter ist einfach die beste Jahreszeit.«

»Und Sommer«, beharrt Ida. »Da können wir wieder im Teufelsbach baden und im Schäferwagen schlafen und Motzi und Blitz bekommen vielleicht Lämmchen.«

Bei der Vorstellung, dass dann womöglich wirklich mehr Schafe bei Opa und Oma herumspringen, fangen alle breit zu grinsen an.

»Zum Glück müssen wir uns nicht für eine einzige Jahreszeit entscheiden«, sagt Ella. »Alle drei Monate bekommen wir eine andere.« Was ziemlich schlau von Ella ist – und von der Natur sowieso.

»Also ich finde, die beste Jahreszeit sind die Ferien!«, tönt Lennart entschieden. Was mal wieder typisch ist.

Da taumeln plötzlich dicke glitzernde Flocken vom Himmel. Wie gut, dass noch die Hälfte der Winterferien vor ihnen liegt. Kaum auszudenken, welche Abenteuer im Schnee hier im Holunderweg auf sie warten.

Dann geben sie alle zusammen das Kommando: »Aus der Bahn, Kartoffelschmarrn!«

Und nacheinander schieben Ella, Ida, Malte, Lennart, Bruno und Lilly ihre Schlitten und Bobs an und sausen voll Karacho den Schlittenberg hinunter.

Martina Baumbach lebt südlich von München und hätte als Kind liebend gern in einem Haus wie dem Holunderweg 7 gewohnt. Für ihren ersten Kinderroman bekam sie das Literaturstipendium der Stadt München, für »Die Tierwandler – Unser Lehrer ist ein Elch« wurde sie mit dem Leipziger Lesekompass ausgezeichnet.
www.martinabaumbach.de

Verena Körting ist in Köln geboren und aufgewachsen. Sie studierte Visuelle Kommunikation an der Fachhochschule Düsseldorf, zog danach für einige Jahre nach Hamburg und arbeitete dort als Grafikdesignerin. Doch da sie viel lieber zeichnet und Geschichten erzählt, begann sie 2010 Kinderbücher zu illustrieren. Sie lebt und arbeitet in Köln.
www.verena-koerting.de

Mehr über unsere Bücher, Autor:innen und Illustrator:innen auf:
www.thienemann.de

Baumbach, Martina
Winter im Holunderweg
ISBN 978 3 522 30608 9

Gesamtgestaltung: Verena Körting
Einbandtypografie: Michael Kimmerle
Innentypografie: Tanja Haaf
Reproduktion: HKS-artmedia GmbH, Ostfildern-Kemnat
Druck und Bindung: Livonia Print, Riga

FSC www.fsc.org MIX Papier | Fördert gute Waldnutzung FSC® C002795

4. Auflage 2025